LES LIVRETS DU VIN

Grands cépages

Grands cépages

Pierre Galet

HACHETTE

SOMMAIRE

Découvrir...
La vigne et ses origines

Les vignes sauvages et les vignes cultivées appartiennent au genre *Vitis*, défini par le botaniste Charles de Linné, qui fait partie de la famille des Vitacées. Cette famille comprend au total dix-neuf genres. L'espèce la plus connue du genre *Vitis* est le *vinifera*, dont sont issus les cépages de cuve et de table.

La vigne sauvage

• À l'état sauvage, la vigne pousse dans les régions tempérées ou chaudes de l'Europe, de l'Asie, de l'Amérique du Nord, de l'Amérique centrale et du Venezuela.

• Cependant, la vigne cultivée est désormais présente sur les cinq continents. Les plus vieilles espèces de *Vitis* connues ont été trouvées en Asie (Chine, Japon) et en Amérique (Alaska, États-Unis), ainsi qu'en Champagne dans les travertins (roche calcaire) de Sézanne, remontant au début de l'éocène. Elles datent d'environ 65 millions d'années. Les espèces ancestrales les plus nombreuses appartiennent au miocène (25 millions d'années avant J.-C.), car à cette période géologique le climat très doux favorise la diffusion de la vigne, même dans des zones où elle n'existe plus aujourd'hui : Islande, Groenland, Alaska, Angleterre.

• Lors de son apparition sur Terre (entre 2,5 et 3 millions d'années avant J.-C.), l'homme trouve la vigne sur place et consomme ses fruits à l'état frais. Il s'agit de vignes sauvages, appelées lambrusques, qui ont souvent persisté dans les bois jusqu'à l'arrivée du phylloxéra en Europe, à la fin du XIXe siècle. Les groupements humains sont alors nomades et se déplacent pour trouver leur nourriture. La découverte de pépins de raisin dans les habitations lacustres de Suisse et d'Italie démontre déjà un certain niveau de vie : les hommes sont semi-nomades ou sédentaires et rassemblent leurs récoltes près de leurs habitations.

En 1606, le capitaine John Smith, colon en Virginie, décrivait deux sortes de vignes sauvages, dont l'une possédait de petites baies utilisées par les indiens pour préparer des jus.

La vigne domestiquée

• Au Mésolithique (10000-9000 ans avant J.-C.) et surtout au Néolithique (6000-3000 ans avant J.-C.), l'homme devient agriculteur et abandonne le nomadisme. C'est probablement à cette époque, entre 6000 et 8000 ans avant notre ère, qu'il découvre accidentellement le vin, des raisins entassés dans une jarre se mettant à fermenter spontanément. L'absorption de ce liquide euphorisant marque le début de l'œnologie et de la culture de la vigne pour disposer de récoltes régulières.

• La dernière glaciation de Würm, au pléistocène, entraîne la disparition de nombreuses plantes. Certaines sont sauvées dans divers « refuges climatiques », en Alaska, en Oregon, dans le sud-est des États-Unis actuels, dans le Caucase, en Asie orientale. Parmi eux, le « refuge Pontique » du Caucase (Arménie, Géorgie) joue un rôle important par le nombre de plantes sauvegardées. Protégé du froid par la chaîne du Caucase et la chaîne Pontique, ce site est influencé favorablement par la mer Caspienne. C'est la raison pour laquelle la Géorgie est considérée comme l'un des berceaux de *Vitis vinifera* et de la culture de la vigne. Ce fait n'est pas sans rappeler l'épisode biblique de Noé, dont l'arche s'arrêta au mont Ararat, dans l'actuelle Arménie.

• Un second foyer historique, plus ou moins en relation avec le précédent, se situe plus à l'est en Afghanistan, ainsi que dans le Cachemire. À la faveur des migrations des populations asiatiques vers l'Europe, les vignes parviennent en Méditerranée.

• On admet l'existence d'un troisième centre historique en Méditerranée, entre l'Asie Mineure et l'Afrique du Nord, à partir duquel de nombreux cépages se développent et se dispersent dans tout le bassin méditerranéen, grâce aux Égyptiens, aux Phéniciens, aux Mèdes, aux Perses, aux Grecs et aux Romains. De nombreuses légendes rappellent cette dispersion et l'établissement du culte du vin (Osiris, Dionysos, Bacchus).

• Des pépins de raisin datant de l'âge du bronze (2000-1000 avant J.-C.) ont par ailleurs été mis au jour dans les habitations lacustres de Castione, près de Parme, et sur les bords des lacs de Varèse, de Garde et de Fimon en Italie.

La vigne s'exporte

• Aujourd'hui, la quasi-totalité des vignes cultivées dans le monde appartient au genre *Vitis* et à l'espèce *vinifera L.* D'origine européenne, cette plante a été domestiquée et a profondément évolué grâce au travail de l'homme. Chaque région viticole possède des cépages particuliers, adaptés au climat local et aux sols. Cette adaptation s'est faite tout au long de l'histoire.

• Dès le XVe siècle, les conquistadores importèrent le *Vitis vinifera* sur le continent américain ; les Hollandais, au XVIIe siècle, l'introduisirent au cap de Bonne Espérance ; puis les Anglais l'implantèrent en Australie et en Nouvelle-Zélande un siècle plus tard.

Taille de la vigne, enluminure des Homélies de saint Grégoire de Nazianze, XIe siècle.

Les espèces de vigne dans le monde

Outre le *Vitis vinifera*, il existe soixante autres espèces de vignes du genre *Vitis*, mais les unes sont infertiles, les autres apportent au vin des caractères peu appréciés des consommateurs, tels les arômes foxés, ou framboisés, de la vigne américaine *Vitis labrusca*. Les vignes américaines font toutefois preuve d'une meilleure résistance aux maladies que le *Vitis vinifera*.

Principales vignes américaines

Vitis aestivalis
Vitis berlandieri
Vitis labrusca
Vitis riparia
Vitis rupestris

Principales vignes asiatiques

Vitis amurensis
Vitis coignetiae
Vitis thumbergii

Découvrir…
L'ampélographie

Les vignes cultivées diffèrent les unes des autres par l'aspect de leur feuillage et de leurs grappes ; elles constituent ce que les vignerons appellent des **cépages** et les botanistes des **cultivars**. Ces cépages ne sont pas des variétés, au sens botanique du terme, car ils ne se reproduisent pas identiques à eux-mêmes par le semis. On ne peut donc les multiplier que par bouturage, marcottage, greffage. L'étude des cépages est appelée **ampélographie**, nom formé de deux mots grecs : *ampelos* « vigne » et *graphein* « écrire ».

L'ampélographie vise d'une part à connaître les aptitudes propres à chaque cépage – débourrement, floraison, véraison, maturité, défeuillaison, production, qualité des raisins et du vin, sensibilité aux maladies et aux parasites, mode de conduite, notamment –, d'autre part à décrire l'ensemble des organes de la plante (feuilles, rameaux, inflorescences, grappes), afin d'identifier chaque cépage au sein du vignoble et de savoir le reconnaître en tous lieux sous des noms locaux différents.

Le cabernet-sauvignon.

Pour relever les aptitudes des cépages, il est nécessaire de rassembler en un site donné les plants à étudier. Cette collection ampélographique offre le support à une étude des différentes vignes sur le long terme. La récolte des raisins donnera lieu à des vinifications séparées, facilitant l'appréciation de la qualité finale du produit. La description botanique de chaque cépage de la collection permettra d'en établir la carte d'identité, afin de souligner les caractères saillants qui seront autant d'indices pour l'identification dans le vignoble.

Détail d'un vase grec.

Virgile et Mécène dans les vignes romaines.

Antiquité

Les agronomes latins Pline l'Ancien, Columelle, Virgile, Caton, Varron, Palladius et Isidore s'intéressent aux aptitudes des cépages, mais ne les décrivent pas. Ils évoquent notamment les *apianae*, cépages attirant les abeilles et les guêpes, qui sont probablement les muscats actuels.

Scène de banquet à Rome.

Moyen Âge

XIe-XIIIe siècles

Les croisés rapportent de leurs voyages de nouvelles variétés de vignes, parmi lesquelles les malvoisies, le furmint, l'altesse.

Ibn-el-Baïthar, né à Málaga et mort à Damas en 1248, rédige un *Traité des simples*, où il décrit quelques cépages comme le kichmich, venant de Perse.

XIVe siècle

Pierre de Crescence, né à Bologne en 1230 et mort en 1310, écrit en 1303 un traité d'économie rurale : l'*Opus ruralium commodorum*. Il y traite de viticulture, d'ampélographie et d'œnologie, en s'inspirant des auteurs de l'Antiquité.

Le poète Eustache Deschamps (vers 1346-1406) est le premier en France à signaler le pynos de Bourgogne ou plant de Beaune.

Vigneron, enluminure du XIIIe siècle.

Renaissance

XVIe siècle

L'Espagnol Alonso de Herrera rédige en 1513 une compilation intitulée *Obra de agricultura, copilada de diversos autores*, à la demande du cardinal Ximenès. Cet ouvrage connaît vingt-huit éditions de 1520 à 1790. On y trouve des renseignements sur divers cépages : torrontés, jaén, malvasia, uva palomina, aragonés ou granaxa.

En France, François Rabelais (1493-1553) cite plusieurs noms de cépages dans *Pantagruel* et *Gargantua* : arbois, malvoisie, muscadet, breton, chenin.

Les Vendanges, *tapisserie du XVIe siècle.*

François Rabelais par E. Delacroix.

XVIIe siècle

L'Italien Andreas Baccius, médecin du pape Sixte-Quint, rédige *De Naturali vinorum historia*, compilation d'ouvrages remontant jusqu'aux auteurs latins.

Olivier de Serres.

Olivier de Serres (1539-1619), dans son *Théâtre d'Agriculture* paru en 1600, cite plusieurs noms de cépages : pinot, pique-poule, beaunois, malvoisie, meslier, bourboulenc.

Jean Merlet, dans son *Abrégé des Bons fruits* publié à Paris en 1667, fournit des renseignements sur de nombreux cépages français : muscat blanc de Frontignan, raisin de Corinthe, sauvignon, gamet blanc et noir, gouais blanc et violet.

Les temps modernes

XVIIIe siècle

Charles de Linné publie en 1753 *Species plantarum*. Le botaniste suédois décrit les premières espèces de vignes alors connues : *Vitis vinifera, Vitis labrusca, Vitis vulpina*.

En 1736 est publié le *Catalogue des Chartreux*. Établis à Paris, rue de l'Enfer, les Chartreux constituent le fonds de la pépinière du Luxembourg.

Charles de Linné.

En 1780, l'abbé Rozier (1734-1793) s'installe au domaine de Beau-Séjour, près de Béziers, et crée un champ de synonymies ampélographiques, tout en rédigeant les premiers textes de son *Cours d'Agriculture*.

XIXe siècle

En Espagne, don Simón-Roxas Clemente, bibliothécaire du Jardin botanique de Madrid, entreprend en 1807 la classification des vignes d'Andalousie.

En Italie, le comte Giorgio Gallesio étudie vingt-six cépages dans son ouvrage paru en 1817, *Pomona italiana*. Andrea Mona publie en 1820 sa *Descrizione delle principali varietà di vini*, à Milan. Giuseppe Acerbi fait paraître dans la même ville, en 1825, *Delle vite italiane*.

En Russie, Koeppen décrit cent quatre-vingt seize cépages russes dans son livre *Sur le commerce des vins en Russie* (Saint-Pétersbourg, 1832).

En Autriche, Franz Trummer décrit plus de cent-cinquante cépages dans son livre *Systematische Classification und Beschreibung der in Herzogthume Steiermark vorkommenden Rebensorten* (1841).

En France, le comte Alexandre Odart (1778-1866) publie *L'Ampélographie universelle ou Traité des cépages les plus estimés,* ouvrage qui fera autorité et comprendra six éditions, de 1845 à 1873. Cependant, les cépages n'y sont pas décrits. Hardy publie, en 1848, le *Catalogue de l'École des vignes de la Pépinière du Luxembourg*. Cette collection, qui comprenait mille trois cents cépages avec leurs synonymes, est détruite par le baron Haussmann sous le Second Empire.

La pépinière du jardin du Luxembourg au XIXe siècle.

L'époque contemporaine

L'arrivée des maladies américaines en Europe donne lieu à la publication de nombreux ouvrages (notamment G. Foex en 1888, V. Pulliat en 1874, 1888 et 1897, ainsi que Viala et Vermorel en 1902-1910) qui s'attachent à la description botanique des cépages pour permettre leur identification dans les transactions commerciales.

Cependant, à partir de 1910, les études ampélographiques se raréfient et ne reprennent avec succès qu'après 1940. En ce début de millénaire, l'utilisation de l'ADN complète les travaux ampélographiques en permettant de retrouver les parents des cépages.

Grappe de cornichon blanc à baies olivoïdes. Ce cépage de table a été décrit dès le XIIIe siècle par Ibn-el-Baïthar, dans son* Traité des simples. *Il s'est répandu dans tout le bassin méditerranéen en raison de la curieuse forme de son raisin.

Le nom des cépages

Les hybrides obtenus récemment ne portent en général qu'un nom ou un numéro. Ces dénominations peuvent paraître bien austères en comparaison des noms coquets attribués aux anciennes vignes européennes, mais elles évitent les confusions. En effet, au fil des siècles, les vignerons ont désigné les cépages cultivés dans leur région par des noms très divers rappelant l'aspect de leur feuillage (pinot meunier, à cause des poils laineux blancs abondants sur les feuilles et évoquant la farine), la forme de leurs baies (olivette ou cornichon), leurs qualités ou leurs défauts, leurs origines géographiques, le nom de l'hybrideur, etc. Les vieux cépages européens ou asiatiques possèdent ainsi de nombreux synonymes, surnoms attribués dans les aires successives où ils ont été introduits. La création de nouveaux vignobles dans le monde a contribué à diffuser les grands cépages européens sous des noms parfois erronés et sans rapport avec le cépage d'origine : confusion entre le riesling du Rhin et le riesling italien, confusion entre le chardonnay et le chenin ou le muscadet.

Comprendre...
Le cycle végétatif de la vigne

Chaque année, la vigne forme une végétation herbacée composée de rameaux et de feuilles qui assurent le développement de la souche. C'est le **cycle végétatif** qui débute avec les pleurs, précédant le départ des bourgeons en végétation, et se termine à l'automne par la chute des feuilles.

1. Le débourrement, ou éclosion des bourgeons au printemps.

2. La feuillaison.

3. La floraison.

Un équilibre délicat

• Afin de permettre un nouveau départ de la végétation l'année suivante, la vigne doit faire des réserves de substances nutritives, sous forme d'amidon principalement, à l'intérieur des tissus des racines, du tronc, des bras et des sarments (dont une partie seulement sera conservée au moment de la taille) : c'est le phénomène biologique de l'aoûtement.

• Simultanément à l'aoûtement des organes végétatifs, on assiste à une migration des sucres vers les baies et des substances de réserve vers les graines pour en permettre le développement futur éventuel.

• Toute la difficulté de la conduite de la vigne réside précisément dans le maintien de l'équilibre entre le dépôt des substances de réserve vers l'appareil végétatif pour assurer la pérennité de la souche et les migrations destinées à nourrir les baies et les graines. Le vigneron doit préserver cet équilibre pour ne pas compromettre la durée de vie de la vigne.

4. Inflorescence au début de la croissance.

5. La véraison : les baies changent de couleur ; la teneur en sucre augmente, tandis que l'acidité diminue.

6. La maturité : l'indice de maturité est optimal lorsque l'acidité du raisin ne baisse plus et que le taux de sucre est stable.

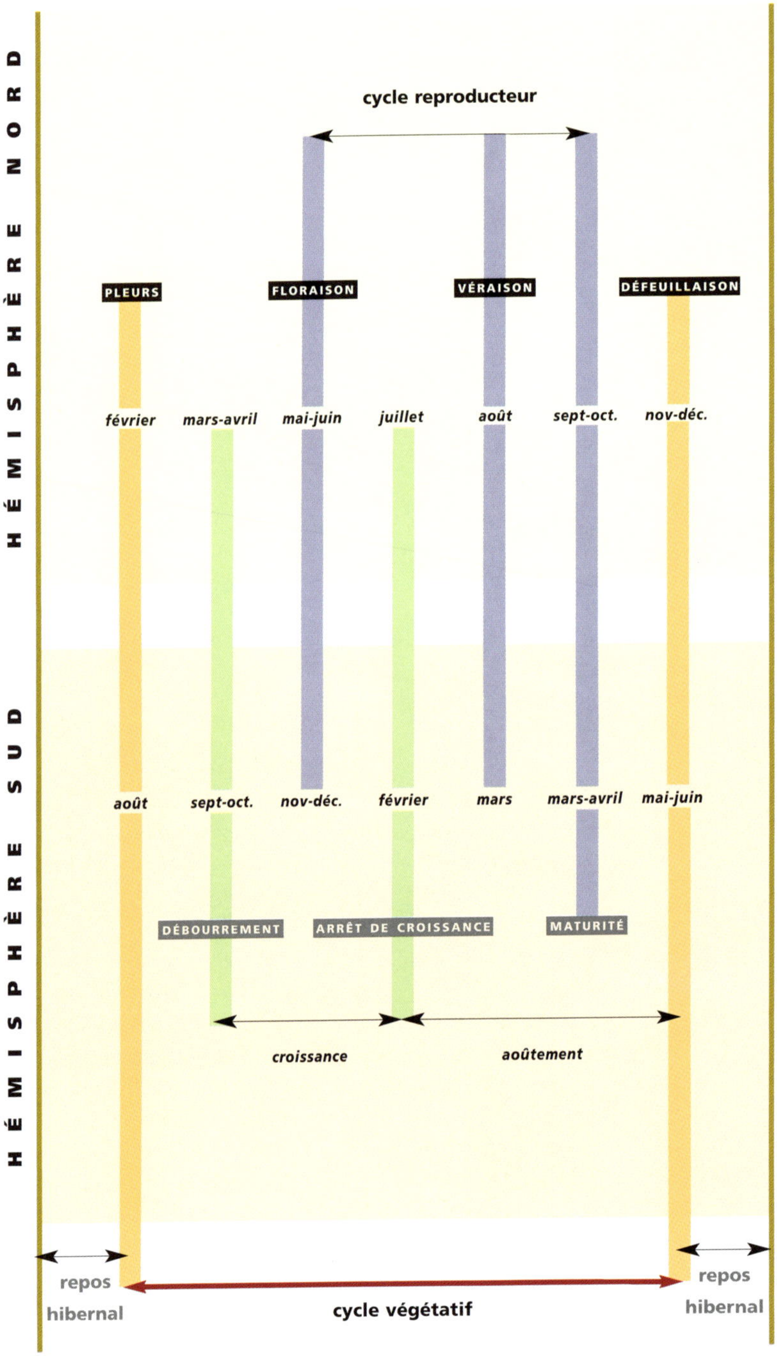

Sous les climats tempérés

• Dans les régions tempérées, la vigne possède un rythme de végétation discontinu avec l'alternance des périodes de végétation (vie active) et des périodes de repos (vie ralentie).

• Dans l'hémisphère boréal, les bourgeons entrent en croissance au début du printemps (mars-avril) : c'est le **débourrement** qui marque chaque année la reprise externe de la vigne active, précédé souvent par les **pleurs** : du liquide s'écoule au début du printemps des plaies laissées par la taille.

• Puis, d'avril à fin juillet ou début août, c'est la période de croissance : les rameaux s'allongent et portent des feuilles qui ont pour rôle essentiel de réaliser la transformation de la sève brute en sève élaborée, grâce à l'assimilation chlorophyllienne, et d'assurer les échanges gazeux par la respiration et la transpiration. Fin juillet-début août, selon les climats et les cépages, on observe l'arrêt de cette croissance, c'est-à-dire la fin de l'élongation des rameaux. On assiste alors à la phase de l'**aoûtement**, matérialisée par le brunissement de l'écorce des rameaux, correspondant à des modifications anatomiques et au dépôt des substances de réserve durant les mois d'août à octobre. Au cours de l'automne, les feuilles vont progressivement cesser de fonctionner, leurs cellules se vident des substances élaborées, la chlorophylle disparaît et les feuilles jaunies se détachent des sarments pour tomber sur le sol : c'est la **défeuillaison**, qui marque la fin du cycle végétatif et le repos hibernal, ou **dormance**.

• Le cycle reproducteur comprend la formation, le développement des inflorescences, leur fécondation, la croissance des grappes, des baies et des graines. Il débute quelques jours après le débourrement avec l'apparition des petites inflorescences hors des bourgeons, qui vont poursuivre leur développement jusqu'au moment de la **floraison** (du 15 mai à la fin juin dans le Midi de la France et jusqu'en juillet dans les régions septentrionales).
Seuls 30 % des fleurs sont pollinisées et se transforment en raisin : c'est la **nouaison**. De mauvaises conditions climatiques entraînent une mauvaise fructification. À partir de la mi-juillet pour les cépages précoces dans le Midi ou au début août dans les autres régions, on observe le changement de teinte des raisins, c'est la **véraison**, qui se prolonge jusqu'en septembre dans les vignobles du Nord.

• La cueillette des raisins de table précoces peut débuter fin juillet en France, fin juin en Espagne, Italie, Grèce, ainsi qu'en Afrique du Nord, et même parfois fin mai en Israël. Les vendanges des raisins de cuve commencent dans la seconde quinzaine d'août pour les cépages précoces, comme le chardonnay dans le Midi et vont se poursuivre jusqu'en octobre dans la plupart des vignobles français et même jusqu'en novembre en Alsace avec la récolte des vendanges tardives et la sélection de grains nobles.

• Dans l'hémisphère austral, les saisons sont inversées : le débourrement survient donc en septembre-octobre, la floraison en novembre, et la croissance se poursuit jusqu'en février. L'époque des vendanges se situe entre le début février et la mi-mai, selon les cépages et la situation topographique des vignobles ; ensuite c'est la défeuillaison et la dormance jusqu'en septembre.

Sous les climats tropicaux

• Dans les régions tropicales, la vigne ne rencontre plus de basses températures, inférieures à +12 °C, susceptibles de provoquer un arrêt du cycle végétatif. Sous ces climats, la croissance de la vigne est continue, ainsi que la fructification, de sorte que l'on peut théoriquement effectuer trois récoltes par an. Mais ces récoltes sont de valeur inégale et bien souvent la seule récolte valable commercialement est celle réalisée durant la saison sèche ou la moins humide.

• Dans l'hémisphère Nord, au fur et à mesure qu'on se rapproche de l'équateur, le débourrement de la vigne survient de plus en plus tôt et il est ainsi possible d'obtenir, avec deux tailles, deux récoltes par an, sauf dans les vignobles d'altitude où il ne subsiste qu'un cycle annuel. Dans les deux cycles, la floraison est très rapide et se produit quinze jours après la taille.

• Dans l'hémisphère Sud, on obtient une ou deux récoltes par an selon l'altitude des vignobles et la période des pluies. On peut, comme à Java, ne plus avoir de repos hibernal : la vigne pousse et fructifie sans aucune interruption et les souches portent des grappes à différents stades d'évolution, depuis les inflorescences en fleurs jusqu'aux grappes mûres, prêtes à la cueillette.

La vigueur

La vigueur témoigne de l'activité métabolique des organes en croissance et se traduit notamment par l'intensité de la respiration, de la synthèse des substances organiques par la photosynthèse, de la vitesse de croissance. La vigueur d'une vigne s'apprécie en pesant le bois de taille. Elle dépend non seulement du climat, du sol, des porte-greffes, des cépages mais aussi de facteurs culturaux : densité de plantation, mode de conduite, entretien du sol, irrigation, fumure, lutte contre les maladies.

Comprendre...
Les maladies de la vigne

Les viticulteurs livrent un combat de tous les jours pour préserver la vigne de ses multiples maladies et parasites. C'est à cette seule condition qu'ils vendangeront un raisin sain et produiront un vin de qualité. Néanmoins, ils doivent aussi protéger l'écosystème de la vigne en limitant l'emploi de substances nocives.

Les champignons

Trois maladies cryptogamiques (dues à des champignons) importées des États-Unis au XIXe siècle ont bouleversé la viticulture européenne. Elles ont mis fin à la « vraie culture biologique de la vigne », sans apport d'aucune substance chimique, d'origine minérale (cuivre, soufre) ou organique.
En 1885, Alexis Millardet, professeur de botanique à l'université de Bordeaux, et Ulysse Gayon, directeur de la Station œnologique de Bordeaux, étudient la bouillie bordelaise, un mélange de cuivre et de chaux destiné à vaincre le mildiou.

L'oïdium.

- Le **mildiou** (*Plasmopara viticola*) peut anéantir totalement les récoltes, en affectant les feuilles et les grappes. Il vit à l'intérieur des tissus et dépose à l'extérieur une poussière blanche.
- L'**oïdium** (*Uncinula necator*) est un champignon qui vit à l'extérieur des tissus de la vigne en se nourrissant de la sève. Il forme une poussière grise sur toute la végétation herbacée et laisse des blessures sur les baies propices au développement de la pourriture grise.
- Le **black-rot** (*Guignardia bidwellii*) est la troisième maladie américaine. Les feuilles se couvrent

Le mildiou.

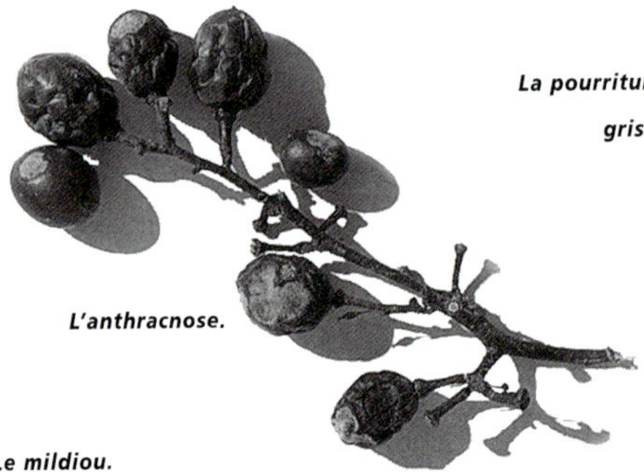

L'anthracnose.

La pourriture grise.

L'enroulement (à gauche).

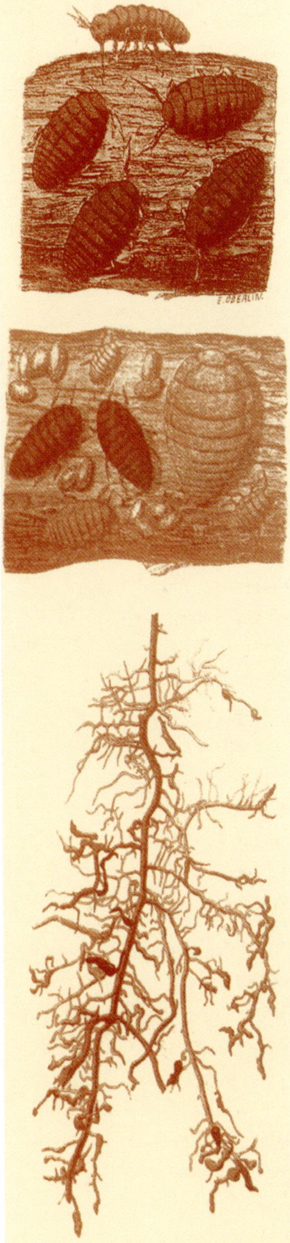

Le cycle de développement du phylloxéra (à droite).

de petites taches puis de pustules noires (pycnides). Les baies se dessèchent totalement et se couvrent à leur tour de pycnides.

• Il existe d'autres champignons néfastes comme l'**anthracnose** (*Gloesporium ampelophagum*), autrefois appelée « charbon » : de petites taches parsèment les feuilles et finissent par se trouer, laissant une bordure noire, charbonneuse.

• Fréquente lors des automnes humides, la **pourriture grise** (*Botryotinia fuckeliana* ou anciennement *Botrytis cinerea*) s'attaque surtout aux grappes.

• Enfin, l'**apoplexie** ou **esca**, l'**eutypiose** (*Eutypa lata*) et les **pourridiés** (*Rosellinia necatrix* et *Armillariella mellea*) sont des maladies du bois qui provoquent le dessèchement et la mort de la souche.

Les champignons responsables de ces lésions pénètrent dans le tronc de la vigne par les plaies de la taille. Le vigneron doit donc désinfecter ces plaies et détruire le bois mort.

Les maladies à virus

Le **court-noué**, ou dégénérescence infectieuse, est très répandu en Europe. Il provoque non seulement la déformation des rameaux et des feuilles mais aussi la coulure des grappes, réduisant ainsi les récoltes à néant. On peut également observer l'**enroulement** des feuilles et la **maladie de l'écorce liégeuse**.

Les parasites

• Le **phylloxéra** (*Dactylosphaera vitifolii*), introduit des États-Unis au siècle dernier, a détruit la majeure partie du vignoble européen qu'il a fallu replanter sur des porte-greffes résistants. Ce puceron possède un cycle biologique complexe, d'une part avec la présence de formes sexuées et de formes asexuées, d'autre part, avec l'existence d'un cycle souterrain sur les racines et d'un cycle aérien sur la végétation herbacée. La destruction des racines de la vigne par les formes radicicoles entraîne la mort des souches.

• Les **vers de la grappe** désignent généralement deux papillons : la cochylis et l'eudémis, dont les chenilles vivent dans les inflorescences et les baies des grappes. Depuis quelques années, une troisième espèce, eulia, est venue s'ajouter en France aux deux espèces classiques ; enfin, la pyrale s'attaque non seulement aux grappes mais aussi au feuillage.

Chrysalide d'eudémis.

Chenille d'eudémis.

Papillon d'eudémis.

• Les **cochenilles** peuvent causer des dommages importants mais localisés. Elles secrètent un miellat sucré, projeté sur les feuilles ou les raisins. Sur ce miellat se développent des champignons souillant de noir tous les organes parasités et rendant invendables les raisins de table.

• Les **coléoptères** sont nombreux à s'attaquer à la vigne, mais les dégâts sont actuellement circonscrits comme c'est le cas pour le vespère (*Vesperus xatarti*) localisé en Roussillon, en particulier dans les vignobles de Banyuls et de Rivesaltes ou dans l'Aude à Fitou.

• Les **cicadelles** sont des insectes piqueurs dont les larves se nourrissent aux dépens du bois. Ces insectes se maintiennent en dessous des feuilles et se nourrissent en piquant les nervures pour y puiser la sève élaborée. Certaines cicadelles véhiculent en outre des maladies infectieuses, telle la flavescence dorée.

• Les **nématodes** sont de petits vers dont certaines espèces vivent à l'intérieur des racines et d'autres se nourrissent en restant à l'extérieur. Certains d'entre eux transmettent des virus. Dans certains cas, leur longévité est de plusieurs années. L'espèce *Xiphinema* est même capable de jeûne prolongé, ce qui lui permet de recontaminer la nouvelle vigne, lorsque l'intervalle entre deux plantations est de trop courte durée.

• Les **acariens** étaient connus depuis longtemps sur la vigne, mais ils causaient peu de dommages grâce à un certain équilibre biologique. Or, l'emploi de quelques insecticides à base d'esters phosphoriques et de carbamates, après 1950, a rompu cet équilibre. Les acariens appelés « araignées rouges » comprennent en fait plusieurs espèces, parmi lesquelles les araignées jaunes (*Eotetranychus carpini*) et les araignées rouges (*Panonychus ulmi*) sont les plus virulentes. Leur pullulation sur les feuilles en été peut affecter la photosynthèse et, par conséquent, la maturation du raisin, ce qui portera préjudice à la qualité de la vendange et du futur vin.

Araignées rouges.

Benoît Raclet vainc la pyrale

Le Beaujolais fut l'une des régions les plus touchées par la pyrale. En 1827, alors que les vignes du coteau de Moulin-à-Vent n'étaient que désolation, un vigneron de Romanèche, Benoît Raclet, remarqua que la treille placée sous la fenêtre de sa cuisine et qui recevait plusieurs fois par jour l'eau chaude de la vaisselle, conservait un beau feuillage. Aussi commença-t-il à ébouillanter ses ceps de vignes afin de détruire les chenilles de pyrale cachées sous l'écorce. Mais cette découverte fut accueillie avec tant de méfiance et de sarcasmes que Benoît Raclet abandonna ses recherches et ne les reprit que dix ans plus tard alors que la pyrale avait déjà causé des dégâts considérables. La solution du vigneron s'imposa alors : dès 1843, la pratique de l'échaudage se généralisa. Benoît Raclet, dont le buste s'élève sur la place de Romanèche, est aujourd'hui célébré chaque année, le dernier dimanche d'octobre, lors d'une fête des vins nouveaux du Beaujolais et du Mâconnais.

En Nouvelle-Zélande, les vignerons protègent le raisin des attaques des oiseaux par des filets (Martinborough, île du Nord).

Les animaux

De nombreux animaux peuvent endommager la vigne en dévorant les baies et le feuillage. En picorant le raisin, les oiseaux blessent le fruit et créent des foyers de développement pour la pourriture. Les étourneaux sont de grands amateurs de raisin et pillent ainsi les vignobles. L'un des cépages favoris des oiseaux à la recherche de sucre – mais aussi des abeilles et des guêpes – est le muscat blanc. Les Romains, qui avaient déjà observé cet engouement, baptisèrent cette variété *uva apianae,* le raisin des abeilles.

La lutte intégrée ou comment respecter l'équilibre de la nature

Bouillie bordelaise, fumigation, lutte chimique systématique... Comment ne pas comprendre la détermination des vignerons pour vaincre les parasites après les invasions dévastatrices que connurent leurs vignobles au début du XXe siècle. Pourtant, ces substances n'ont pas été sans conséquences néfastes pour l'environnement et la vigne elle-même. Les insectes ont su s'y adapter et former des générations résistantes. Autour des vignobles, les eaux et les sols ont bien souvent été pollués par le ruissellement des substances chimiques, détruisant la faune et la flore qui participent à l'équilibre biologique du sol. Sans compter que les résidus de tels produits peuvent être présents à de faibles concentrations dans le raisin et donc dans le vin produit. Aujourd'hui, des produits phytopharmaceutiques ont été élaborés pour être plus efficaces à des doses plus faibles.

Comprendre...
Quelle culture pour des vins de qualité ?

Tous les vignobles actuellement créés ou reconstitués dans le monde sont plantés des grands cépages nobles français : cabernet-sauvignon, pinot, chardonnay, sauvignon, syrah, etc. La production de vin de cépage connaît une certaine vogue, de sorte que l'on trouve du cabernet-sauvignon venant de tous les continents. On exporte ainsi la qualité du cépage, mais avec un correctif important : le terroir.

L'effet terroir

Le terroir est un ensemble de facteurs naturels contribuant à l'expression particulière des cépages et des vins qu'ils produisent : il s'agit du climat, de la nature du sol et de la topographie. La vigne est cultivée sur des formations très variées, mais elle affectionne les sols pauvres et bien drainés qui permettent de limiter les rendements. Les coteaux bien exposés sont des sites privilégiés, car ils favorisent la maturation du raisin et évitent que l'eau des pluies ne stagne au pied des souches. Les plaines, plus fertiles, sont en revanche destinées à la production de gros volumes de vin, de moindre qualité.

Si la France met un accent particulier sur le rôle du terroir, cette notion a été diversement appréciée dans les vignobles du monde, certains considérant que le cépage et les techniques de vinification influent de manière plus évidente. Néanmoins, les nouveaux pays viticoles ont compris que ce facteur n'était pas négligeable. Comment expliquer autrement les résultats remarquables obtenus dans certaines aires de la Napa Valley en Californie ou sur les terres de calcaires rouges – la *terra rosa* – du Coonawarra en Australie ? La culture de la vigne met l'homme et le terroir en étroite relation, car par son travail le vigneron s'attache à révéler une typicité.

Le vignoble de Chablis, un terroir marneux qui convient au chardonnay.

La densité de plantation

La densité de plantation, c'est-à-dire le nombre de pieds de vigne à l'hectare, est un élément déterminant pour la qualité du vin. L'ancien vignoble français avait une densité très élevée, de 10 000 pieds en Bordelais à 50 000 pieds en Champagne. Chaque souche disposant de peu de terre demeurait faible et seules mûrissaient bien les quelques grappes présentes. Depuis la reconstitution post-phylloxérique, les densités adoptées sont moindres pour permettre le passage des tracteurs, tout en restant autour de 10 000 pieds dans les vignobles de qualité.

Page de gauche : Les sols de craie, comme ceux de la Côte des Blancs, en Champagne, assurent un bon enracinement de la vigne et une alimentation en eau régulière et modérée.

Les inondations par des pluies torrentielles, les froids extrêmes sont des aléas climatiques néfastes pour l'état sanitaire de la vigne et la future récolte.

La taille hivernale détermine le volume de la production à venir.

Le mode de conduite

Le mode de conduite de la vigne correspond au système de taille adopté. La vigne peut être conduite en forme libre, selon des tailles courtes dites en gobelets, ou en forme palissée, selon des tailles en cordons de Royat et des tailles Guyot. La taille effectuée détermine le nombre de grappes que portera chaque souche. Une charge raisonnable de la vigne permet au raisin de mûrir dans de meilleures condi-

Vendanges manuelles au château Latour (appellation pauillac).

« Le génie du vin est dans le cépage », écrivait Olivier de Serres au début du XVIIe siècle. Le vigneron sait aujourd'hui que le terroir participe tout autant à ce génie.

Après la taille, les sarments sont brûlés ou broyés et mélangés au sol.

tions et de concentrer ses composés aromatiques. La taille influe donc sur les rendements et sur la qualité des produits. Le palissage de la végétation, l'irrigation, les fumures, les opérations en vert, les labours, le désherbage ou au contraire l'enherbement sont aussi des facteurs non négligeables qui doivent être pris en compte pour orienter un vignoble vers la qualité ou vers la quantité.

Les clones

Un clone peut être défini comme le descendant par voie végétative, c'est-à-dire par boutures ou greffes, d'une souche mère. La plupart des cépages européens sont en réalité constitués d'un ensemble de clones, très proches les uns des autres, au point d'avoir été longtemps confondus sous un même nom. Néanmoins, au cours des siècles, les praticiens ont souvent su distinguer ces clones et leur donner des noms particuliers, comprenant soit le nom du sélectionneur (pinot Liébault), soit le nom du lieu d'origine (pinot de Pernand). Ces clones se distinguent par la forme de leur feuille plus ou moins découpée et villeuse, ou par leurs caractéristiques culturales (maturité précoce, volume de production, résistance à certains parasites, etc.). Actuellement, la sélection clonale est très poussée en France et un organisme – l'Établissement national technique pour l'amélioration de la viticulture (ENTAV) –, situé au Grau-du-Roi dans le Gard, est chargé de rassembler les clones et d'étudier leurs performances avant de les mettre à la disposition des viticulteurs par l'intermédiaire des pépiniéristes.

Les nouveaux cépages

La nature peut produire elle-même des cépages différents par l'apparition brusque de caractères nouveaux : ce sont les mutations. Toutefois, depuis que les premiers hommes ont récolté des raisins sauvages pour leur usage, l'amélioration du matériel végétal a été un objectif constant soit pour augmenter la production des souches, soit pour obtenir une meilleure qualité des raisins ou encore pour éliminer les plants atteints de maladies.

Au moment de la crise phylloxérique, des viticulteurs et des scientifiques se sont intéressés à l'hybridation. Ils espéraient ainsi réunir dans la descendance toutes les aptitudes intéressantes des parents et éliminer leurs défauts. Cette science, appelée génétique, a permis d'obtenir de nouveaux cépages résistants aux maladies : les hybrides producteurs directs. Elle a également donné naissance à des vignes résistantes aux parasites, pouvant servir de porte-greffes.

En effet, depuis la crise phylloxérique de la fin du XIXe siècle, la majorité des cépages doivent être greffés sur une autre vigne servant de système racinaire : c'est le porte-greffe. Seuls quelques vignobles implantés notamment dans des sols sablonneux, peu propices au phylloxéra, peuvent être francs de pieds, c'est-à-dire non greffés. C'est aussi le cas des vignes plantées dans des terrains régulièrement inondés, comme en Camargue.

Aujourd'hui, on a recours aux manipulations génétiques pour introduire des gènes porteurs de caractères intéressants (résistance aux maladies, par exemple) sur des chromosomes d'autres vignes sensibles ou introduire un gène de résistance à un virus dans le patrimoine génétique d'un porte-greffe : c'est la biologie moléculaire, science en pleine expansion, aboutissant à former des OGM (organismes génétiquement modifiés), dont il faudra reconnaître l'innocuité pour l'homme avant de les multiplier. D'autres techniques d'amélioration de la vigne sont exploitées comme la culture *in vitro* qui permet le microbouturage d'organes isolés.

Vin de cépage ou d'assemblage ?

Un vin peut être issu d'une seule variété de vigne ou d'une association de cépages. Dans le premier cas, on obtient un vin dit de cépage, comme en produisent certaines régions à partir des variétés très appréciées que sont le cabernet-sauvignon en rouge ou le chardonnay en blanc. Dans le second cas, l'association de cépages complémentaires, comme le merlot et le cabernet-sauvignon du Bordelais, donnera un vin d'assemblage.

Reconnaître...
La vigne

À l'état sauvage, la vigne est une liane développant des tiges sarmenteuses qui peuvent s'accrocher, grâce à leurs vrilles, à des supports très divers, grimpant jusqu'au sommet des arbres pour étaler son feuillage et capter les rayons solaires. Au contraire, les vignes cultivées n'ont qu'un développement faible en raison de la taille annuelle. Toutefois, on connaît des souches remarquables qui peuvent couvrir des surfaces importantes et produire plusieurs centaines de kilogrammes de raisins : la treille de chasselas à Fontainebleau, la vigne de Hampton Court (Black Hamburgh) près de Londres. Le tronc de ces souches peut dépasser 1 mètre de circonférence.

Les bourgeons

Les bourgeons assurent la pérennité de la vigne d'une année à l'autre par leur croissance, donnant à leur tour des rameaux, des feuilles, des inflorescences et de nouveaux bourgeons. La villosité des bourgeons en voie de développement est un indice clé pour l'identification des cépages. Les poils, d'aspect laineux, s'étalent sur la jeune feuille ; selon la densité de ces poils, les ampélographes utilisent les termes de *cotonneux* (si les poils très serrés recouvrent entièrement la feuille), *duveteux* (si la densité plus faible des poils permet d'apercevoir la coloration verte de la feuille), *aranéeux* (si les poils sont peu nombreux et répartis comme une toile d'araignée).

Bourgeonnement duveteux du grenache.

Bourgeonnement glabre du Riparia gloire.

Rameau à poils séteux de Riparia Scribner : les poils courts, incolores sont perpendiculaires au rameau.

Bourgeonnement cotonneux de l'alicante-bouschet.

Aiguillons sur rameau de Vitis armata.

Poils renflés rouges de Vitis Romanetii.

Bourgeonnement aranéeux du chasselas doré.

Palissage de la vigne dans le Jurançonnais.

Les feuilles

Les feuilles sont de forme et de taille variables selon les cépages et se colorent diversement à l'automne. Ainsi, les feuilles des cépages blancs prennent-elles une teinte jaune ; les feuilles des cépages noirs sont le plus souvent jaunes, mais pour certaines variétés, elles rougissent partiellement ou même totalement (gamays, pinots, négrette, par exemple) ; les feuilles des cépages teinturiers, à jus coloré, se colorent toujours en rouge intense, souvent avant la maturité complète des raisins (alicante-bouschet).

Les rameaux

Chaque année, les bourgeons de la vigne donnent naissance à des rameaux qui peuvent atteindre plusieurs mètres de longueur.
Ce rameau est formé d'une tige renflée de distance en distance ; ce renflement constitue le nœud.
Les nœuds portent divers organes : des feuilles qui s'insèrent par les pétioles et qui alternent d'un nœud à l'autre, des bourgeons situés à l'aisselle des pétioles, des entrecœurs ou prompts-bourgeons formant un rameau secondaire, généralement infertile, mais pouvant donner des grappes certaines années, et enfin des vrilles, disposées sur le nœud du côté opposé aux feuilles. Le rameau offre peu de caractères distinctifs en dehors d'une certaine villosité laineuse chez quelques cépages.
La couleur de l'écorce constitue toutefois une bonne clé pour identifier certaines variétés : couleur jaune paille chez le grenache, beige clair avec une pruine mauve abondante chez le cinsaut.

Les fleurs

Les fleurs apparaissent au printemps, dès l'éclatement des bourgeons. Elles se présentent comme des grappes composées de fleurs en corolles, toujours opposées aux feuilles. Chaque fleur possède cinq pétales soudés qui se détachent à leur base lors de la floraison. Ces petites inflorescences sont d'une teinte jaune clair, mais chez les cépages teinturiers et quelques espèces américaines, elles sont fortement colorées en rouge plus ou moins intense. La plupart des vignes cultivées sont hermaphrodites : les organes mâles et femelles sont regroupés dans une même fleur. La dimension des inflorescences, qui conditionne celle des grappes, varie de 4 cm chez les vignes sauvages à plus de 50 cm chez certains cépages de table (raisin de Palestine, notamment).

Gappe rameuse, très longue du raisin de Palestine.

Les grappes

Le nombre de grappes dépend de la floraison et de la bonne nouaison (pollinisation et transformation des fleurs en fruits). La forme des grappes varie selon les cépages.

Reconnaître...
La feuille

La feuille présente l'avantage de pouvoir être examinée tout au long du cycle végétatif et de se conserver facilement en herbier pour des examens ou des comparaisons. Elle est le principal indice de reconnaissance des cépages.

Les feuilles des cépages cultivés sont toujours simples, palmées avec cinq nervures principales, issues du pétiole, qui constituent l'ossature du limbe. En faisant varier la longueur de ces nervures, en calculant le rapport des nervures latérales en fonction de la nervure médiane et en mesurant les angles que font ces nervures entre elles, on obtient les différentes formes de feuilles, représentées ici. C'est la base de l'**ampélométrie**, qui permet de préciser les formes usuelles des feuilles.

Les **découpures du limbe** sont très importantes à observer chez les cépages : on relève l'absence de découpures chez la feuille *entière* ou, à l'opposé, des découpures totales chez la feuille *persillée* (par exemple, le chasselas cioutat). Les feuilles de vigne sont généralement quinquelobées (cinq lobes), plus ou moins profondément, mais certains cépages n'ont que des feuilles trilobées (trois lobes), voire entières.
À l'opposé, on trouve des cépages ayant plus de cinq lobes (de sept à neuf).

Feuille persillée du chasselas cioutat.

Sinus pétiolaire à bords superposés de la clairette.

La forme des **sinus latéraux** est intéressante à noter, variant de sinus en V à des sinus à fond concave, les bords pouvant être ouverts ou superposés.

Le degré d'ouverture du **sinus pétiolaire** est souvent un indice complémentaire pour l'identification des cépages. Le sinus pétiolaire peut en effet dessiner une *accolade* ou bien avoir une forme *étroite*, des *bords superposés*, une *base dégarnie* comme chez le chardonnay et le cabernet-sauvignon.

L'**aspect général du limbe** est un caractère secondaire, mais il peut parfois modifier l'aspect du feuillage de manière caractéristique. La feuille est dite *unie*, lorsque la surface du limbe est lisse ; elle est dite *bullée*, quand apparaissent des bosselures entre les dernières ramifications des nervures ; elle est dite *gaufrée* si les bosselures ont au moins 1 centimètre de diamètre, de sorte que le limbe présente des bosses et des creux importants ; elle est dite *ondulée* lorsque les bosselures apparaissent entre les nervures principales et parallèlement à ces dernières. Si la face supérieure du limbe de la feuille est généralement dépourvue de poils (à l'exception du pinot meunier), la face inférieure peut présenter une certaine villosité, dépendant étroitement de celle du bourgeonnement.

La **disposition du limbe** complète l'aspect du feuillage. La feuille est dite *plane*, si tout le limbe demeure dans un même plan ; *pliée en gouttière*, comme un livre à moitié ouvert ; *tourmentée* si le limbe forme des vallonnements importants, empêchant la feuille de s'aplanir correctement en herbier (grenache) ; *involutée* si le limbe se referme en coupe, de façon à masquer la face supérieure au profit de la face inférieure ; *révolutée* dans le cas inverse avec la face supérieure seulement visible et les dents souvent masquées par cet enroulement (alicante-bouschet, muscadet par exemple).

La **dentelure** constitue un très bon caractère ampélographique. Les dents peuvent être presque *inexistantes* ou, au contraire, *larges*, *moyennes*, et plus ou moins *étroites* ou *ogivales*.

Sinus pétiolaire à base dégarnie du chardonnay (à gauche) et du cabernet-sauvignon (à droite).

forme		description	exemples	
Réniforme	 1	Feuille plus large que longue ; somme des angles inférieure à 130 degrés	Rupestris du Lot, 110 Richter (1), 1103 Paulsen	
Orbiculaire	 2	Feuille arrondie	Clairette, cinsaut, chenin, ugni blanc, aligoté (2), gewürztraminer (3)	 3
Cunéiforme	 4	Juxtaposition d'un carré et d'un triangle	*Vitis riparia* et *berlandieri-riparia* (161-49 C) (4), *Vitis Embergeri* (5 et 9)	 5
Tronquée ou pentagonale	 6	Feuille orbiculaire dont la nervure L_3 est raccourcie	*Vitis aestivalis*, mauzac, *Vitis pentagona* (6), *Vitis Lincecumii* (7)	 7
Cordiforme	 8	Feuille en forme de cœur (probablement le type de feuille le plus archaïque)	Espèces asiatiques *Vitis armata*, *betulifolia*, *flexuosa*, *Romanetii* (8) Espèce américaine *Vitis cordifolia*	 9

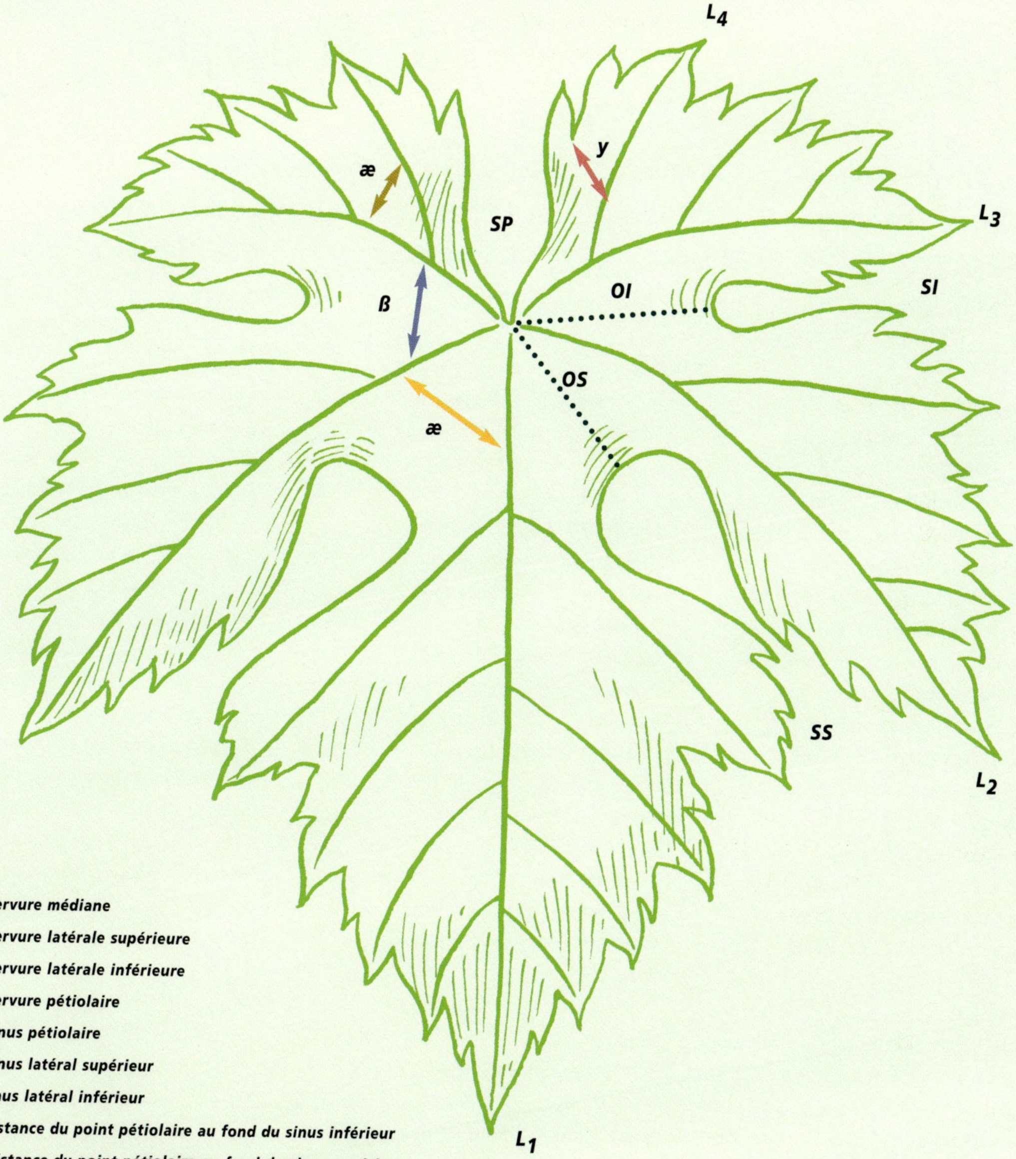

L_1 **Nervure médiane**

L_2 **Nervure latérale supérieure**

L_3 **Nervure latérale inférieure**

L_4 **Nervure pétiolaire**

SP Sinus pétiolaire

SS Sinus latéral supérieur

SI Sinus latéral inférieur

OI Distance du point pétiolaire au fond du sinus inférieur

OS Distance du point pétiolaire au fond du sinus supérieur

æ Angle compris entre L_1 et L_2

ß Angle compris entre L_2 et L_3

y Angle compris entre L_3 et L_4

Reconnaître...
La grappe

Parce qu'elles ont une importance commerciale, les grappes ont intéressé les ampélographes. Ceux-ci ont tenté d'établir des classifications reposant sur la forme des baies et leur couleur. En réalité, la grappe ne constitue qu'un caractère secondaire, observable seulement au voisinage de la maturité, pendant quelques jours par an.

Grandes ou petites

La dimension des grappes est certes un caractère distinctif, certains cépages possédant de grandes grappes et d'autres de petites grappes. Cependant, un même cépage peut présenter des variations sensibles selon la fertilité du sol, la fumure apportée, l'irrigation, le mode de conduite (densité de plantation, système de taille, charge laissée) et les traitements chimiques utilisés (régulateurs de croissance, par exemple). Les grappes très petites, observables chez les espèces sauvages, mesurent moins de 6 cm de longueur, pour un poids inférieur à 50 g. Les très grandes grappes mesurent plus de 24 cm de longueur et ont un poids supérieur à 1 kg.

De toutes les formes

La forme des grappes dépend du nombre et de la longueur des ramifications de la rafle, donnant des grappes cylindriques ou tronconiques. La première ramification secondaire, la plus près du pédoncule, peut se développer et se séparer du reste de la grappe : elle forme ainsi une aile, appelée *aileron*. Certains cépages, comme la sultanine, possèdent plusieurs ailerons. Parfois, l'aileron atteint un développement équivalent à celui de la partie principale, donnant l'apparence d'une grappe double. La compacité des grappes équivaut à l'écartement des baies entre elles. Les grappes sont dites *lâches*, lorsque les baies sont sensiblement isolées les unes des autres, ce qui est un atout pour les raisins de table dont chaque baie doit pouvoir être détachée avec les doigts. Au contraire, sur les grappes compactes, les baies sont en contact les unes avec les autres et il est difficile de les détacher. Elles sont comprimées et la grappe prend un aspect solide, rappelant un boudin (grappe *boudinée*) ou une pomme de pin (grappe *pignée*).

Le raisin

Les baies constituent la partie comestible de la grappe.
On peut apprécier leur dimension en relevant leur diamètre, leur volume ou leur poids.

Types de baies	Diamètre des baies	Volume des 100 baies	Poids des 100 baies
Très petites	moins de 8 mm	moins de 30 cm^3	moins de 35 g
Petites	de 8 à 12 mm	de 31 à 100 cm^3	de 36 à 110 g
Moyennes	de 12 à 18 mm	de 101 à 300 cm^3	de 111 à 330 g
Grosses	de 18 à 24 mm	de 301 à 650 cm^3	de 331 à 700 g
Très grosses	plus de 24 mm	plus de 650 cm^3	plus de 700 g

La **forme** des baies est un caractère intéressant pour distinguer les cépages entre eux. La forme la plus simple et la plus répandue se rapproche de la sphère : les baies sont *sphériques*. Parfois, les baies sont plus ou moins aplaties aux deux pôles : elles sont *discoïdes* (vignes sauvages). L'aplatissement latéral de la sphère donne des baies *ellipsoïdes*, comme un ballon de rugby, et un aplatissement plus poussé aboutit à des baies *fusiformes*. L'aplatissement peut être réduit soit à la partie inférieure de la baie qui devient *ovoïde*, comme un œuf, soit à la partie supérieure, donnant une baie *obovoïde*. En outre, il existe des baies *cylindroïdes*, qui ressemblent à des cylindres et qui peuvent s'allonger comme des dattes (baies *dattiformes*). Enfin, certaines baies prennent l'allure d'un tronc de cône (baie *troncovoïde*) plus ou moins bosselé ou déprimé, pour aboutir à des baies *arquées*.
Pour les raisins de cuve la forme des baies ne présente aucun intérêt pratique, mais pour les raisins de table certaines formes ellipsoïdes rendent plus flatteuse la présentation des grappes (dattier, italia). Ainsi, au Moyen Orient, les formes inhabituelles (arquées, dattiformes, fusiformes, troncovoïdes) sont-elles recherchées.

La **couleur** des baies est un élément de distinction important. Elle varie du vert au noir violacé foncé. Elle est due à la présence d'anthocyanes, pigments colorants dont le nombre varie de 3 à 18. La teinte des baies dépend de la nature de ces anthocyanes et des proportions respectives de ces pigments : les cépages roses possèdent de 3 à 6 anthocyanes et les cépages noirs de 13 à 18. Les cépages teinturiers ont une pulpe colorée en rouge qui contient des anthocyanes de nature différente de celles de la pellicule. Enfin, les cépages blancs sont dépourvus d'anthocyanes, sauf à surmaturation dans quelques cas (admirable de Courtiller). De plus, ils n'ont pas davantage de flavonols (pigments jaunes) que les variétés colorées.

La **saveur** des baies est un élément essentiel non seulement pour la production de raisins de table mais aussi pour ceux de cuve. Beaucoup de cépages ont une saveur neutre, c'est-à-dire un goût d'eau sucrée, légèrement acidulée. D'autres présentent des saveurs originales, jugées agréables comme la saveur musquée et la saveur de fleur d'oranger ou bien désagréables comme le goût herbacé des vignes sauvages, le goût âcre de *Vitis cordifolia*, le goût foxé ou framboisé de *Vitis Labrusca* – saveurs rejetées en Europe mais appréciées en Amérique.

Les **pépins** du raisin ont généralement la forme d'une poire avec une pointe appelée *bec* qui peut être plus ou moins accentuée. Un cépage qui ne contient pas de pépins est dit *apyrène*.

La couleur des cépages

Théoriquement, chaque cépage devrait présenter toute la gamme des couleurs, depuis la couleur blanche jusqu'au noir, y compris le type teinturier. Par conséquent, lorsqu'un cépage est demeuré dans sa région d'origine, où il a évolué à partir de la forme spontanée *Vitis silvestris*, on peut s'attendre à trouver dans la population cultivée toutes les teintes. C'est bien le cas du pinot en Bourgogne où l'on a observé et sélectionné depuis longtemps toutes sortes de variations à côté du pinot noir : pinot teinturier, pinot tête de nègre, pinot rouge, pinot rose ou pinot mongeard, pinot gris, pinot blanc et même un pinot cioutat au feuillage très découpé. Dans le Midi, un cépage comme le terret présente quelquefois des souches dont un bras fournit des raisins noirs, l'autre des raisins gris et le troisième des raisins blancs. Le carignan, le grenache, l'aramon existent aussi sous les trois couleurs fondamentales (noire, rose ou grise, blanche). En revanche, on peut se demander si les cépages français dont on ne cultive qu'une couleur ne proviennent pas d'un pays étranger. Les autres couleurs seraient demeurées dans la contrée d'origine ou bien auraient disparu au moment des crises phylloxériques ou, plus anciennement, sous l'influence des guerres et des changements de religion.

Le pinot noir à grappe cylindrique compacte.

Le dattier de Beyrouth à grappe conique, assez lâche.

Le muscat de Hambourg à grappe lâche.

Le baroque à grappe cylindrique avec un petit aileron.

Reconnaître les arômes

La technique de la chromatographie en phase gazeuse capillaire a permis de séparer les substances volatiles composant l'arôme des cépages et de dresser graphiquement un « aromogramme ». Du gaz inerte circule dans un tube et véhicule les molécules volatiles. À la sortie du tube, on enregistre la masse de chaque molécule par une courbe constituée d'une série de pics. On a ainsi pu identifier plus de cinq cents substances intervenant à des concentrations très faibles.

Chai du Château Dillon (Haut-Médoc).

Le carignan à grappe cylindro-conique ailée.

L'aligoté à grappe tronconique lâche.

Le tibouren à grappe conique ailée.

L'italia à grappe cylindro-conique.

Le gewürztraminer à grappe tronconique, assez lâche.

La reine des vignes à grappe cylindrique lâche.

Le gamay-fréaux à grappe tronconique, ailée.

Le sylvaner à grappe cylindro-conique compacte.

L'aligoté

Un cépage bourguignon qui aurait pu disparaître du paysage viticole français, car les vignerons de la Côte d'Or et de la Côte chalonnaise lui ont souvent préféré le chardonnay. L'aligoté a toutefois gagné des lettres de noblesse. En 1938, n'était-il pas encore autorisé dans le cru charlemagne ?

Bouzeron

Une cinquantaine d'hectares d'aligoté constituent l'appellation communale bouzeron. Ce village de la Côte chalonnaise, au nord de la Saône-et-Loire, bénéficie d'un terroir calcaire et marneux, situé entre 150 et 300 mètres d'altitude. Ici naît un vin blanc sec or pâle, animé de légers reflets verts. La palette aromatique est empreinte d'acacia et de noisette, soulignés de notes minérales. Les aligotés de Bouzeron chardonnent discrètement et associent à leur vivacité typique une rondeur de bon aloi.

Reconnaître le cépage

Le bourgeonnement de l'aligoté est duveteux et sa feuille de taille moyenne. Ses trois lobes sont à peine marqués tant ses découpures sont peu profondes. Les bords du limbe, très dentelés, s'enroulent délicatement. Le dessous du limbe est aranéeux-pubescent et le sinus pétiolaire en lyre. La grappe, de petite taille, est cylindrique ou tronconique. Ses petites baies rondes ont une couleur blanc orangé.

Alias...

L'aligoté est aussi dénommé griset blanc à Beaune, plant gris aux environs de Meursault, plant de trois raisins au nord de Dijon, blanc de Troyes à Gevrey, troyen blanc, chaudenet gras dans la Côte chalonnaise, vert blanc dans le Jura.

Découverte dans le vignoble

Vigoureux, l'aligoté débourre de bonne heure et se plaît particulièrement en coteaux. Il produit régulièrement de 50 à 70 hectolitres à l'hectare ; dans les plaines roumaines, ses rendements peuvent être multipliés par trois.

En France

L'aligoté ne cesse de progresser dans le vignoble et couvre aujourd'hui plus de 1 900 hectares. On le rencontre également dans le Jura et en Savoie, ainsi que dans la haute vallée de la Drôme où il participe à l'appellation châtillon-en-diois, aux côtés du chardonnay. Dans son berceau bourguignon, il a longtemps occupé les coteaux avant de reculer dans les plaines sous la pression du chardonnay, plus en vogue. Il peut se targuer d'être l'un des rares cépages à donner son nom à une appellation bourguignonne : le bourgogne-aligoté. En outre, depuis 1997, il a rejoint la cour des grands en se voyant reconnaître dans une appellation communale : bouzeron. Le crémant-de-bourgogne bénéficie également de sa participation.

Autour du monde

Voyageur l'aligoté ? Sans nul doute, puisqu'il s'est répandu dans les républiques de l'ex-URSS – Moldavie, Ukraine, Géorgie, Azerbaïdjan ou encore Kazakhstan – et dans de nombreux pays de l'Est. En Roumanie, ses raisins sont récoltés à surmaturation afin d'élaborer des vins peu acides. Il y produit aussi des vins effervescents. En Bulgarie, dans la région méridionale de Chirpan, il entre dans les assemblages pour apporter sa note vive à des vins secs de bonne qualité qui connaissent un joli succès à l'exportation. On le trouve par ailleurs en Suisse, au Canada, en Californie et au Chili. Dans ce dernier pays, il est associé au sémillon et au riesling. La culture de l'aligoté dans le monde atteint ainsi 23 000 hectares.

Le goût

L'aligoté est indissociable de l'image d'un vin blanc léger et frais, à boire jeune, mélangé avec de la crème de cassis pour constituer un apéritif : c'est le vin blanc-cassis, surnommé kir du nom du chanoine député-maire de Dijon qui mit ce mélange à la mode après 1945. Ce cépage ne se résume pourtant pas à cette image d'Épinal. Selon les terroirs au sein de l'appellation bourgogne-aligoté, son vin admet des variations tout aussi marquées que celui des autres plants : vif dans les Hautes-Côtes, nuancé de notes de fleur de sureau à Saint-Bris dans l'Yonne, comme s'il s'était inspiré du sauvignon.

Le cabernet franc

Si le cabernet franc
laisse la vedette
aux cabernet-sauvignon
et merlot sur la scène
viticole bordelaise,
il n'en mérite pas moins
le titre de meilleur
second rôle. L'histoire
et la littérature l'ont
en effet mis à l'honneur.

Découverte dans le vignoble

Le cabernet franc est un petit producteur, dont les rendements ne dépassent guère 40 hectolitres à l'hectare en Bordelais. Ceux-ci peuvent cependant atteindre 80 hectolitres en Languedoc, région où ses vignes conduites hautes ont donné de bons résultats. Ces vins languedociens sont colorés, de qualité et titrent 11% vol.
Le débourrement du cabernet franc précède d'une dizaine de jours celui de son allié, le cabernet-sauvignon. C'est un plant sensible au mildiou, à l'oïdium, à la pourriture grise, et ses feuilles peuvent porter des galles phylloxériques. S'il est plus vigoureux que le cabernet-sauvignon, ce cépage nécessite une taille longue car c'est un petit producteur (environ 40 hectolitres à l'hectare).

En France

Le cabernet franc couvre 48 000 hectares dans le monde, dont près de 39 000 hectares dans l'Hexagone. Il affectionne deux grandes régions françaises : les départements du Sud-Ouest, et notamment la Gironde et la Dordogne, où il est associé au cabernet-sauvignon et au merlot ; l'Anjou et la Touraine dont il partage le vignoble avec le gamay, le côt et le cabernet-sauvignon. Il a été récemment introduit dans la région méditerranéenne sur quelques centaines d'hectares.
En Bordelais, le cabernet franc vient compléter les assemblages de cabernet-sauvignon et de merlot. Il est essentiellement planté sur la rive droite de la Dordogne et de la Gironde ; il trouve un terroir de choix dans le Libournais, sur des sols sablo-graveleux assez chauds pour la bonne maturation de ses raisins. Ses vins sont alors finement structurés. Cas rare, le Château Cheval Blanc, qui se trouve en limite du terroir graveleux de pomerol, fait la part belle au cabernet franc (60 % contre 40 % de merlot) : le vin possède des tanins suffisamment fins et ronds pour lui permettre d'être apprécié dans sa jeunesse, bien qu'il soit de très longue garde.
Dans le Sud-Ouest, l'AOVDQS coteaux du quercy exprime les caractères du cabernet franc dans des vins rouges et rosés. Ce cépage domine ici le tannat, le cot, le gamay et le merlot pour produire des vins d'un pourpre soutenu, charnus et aromatiques. D'autres AOC accordent une place non négligeable au cabernet franc : pécharmant, côtes-de-duras ou encore buzet.

Dès le xvie siècle, le cabernet franc a fait la réputation des vins de Bourgueil. Ci-contre, le château d'Ingrandes de Touraine dont le vignoble appartient à l'appellation bourgueil.

Pourtant, s'il est une expression originale du cabernet, c'est en Anjou et en Touraine qu'on la trouvera, dans les vignobles de saumur-champigny, saint-nicolas-de-bourgueil, bourgueil et chinon.
Cette ancienne variété a quitté fort tôt ses terres aquitaines pour gagner la vallée de la Loire où elle prit le nom de plant breton. Un nom qui reste une énigme pour les ampélographes. Dans ses *Écrits*, Rabelais citait déjà « ce bon vin breton, qui poinct ne croist en Bretagne, mais en ce bon pays de Véron », situé entre la Loire et la Vienne. Au début du XVIIe siècle, le cardinal de Richelieu, qui avait hérité des biens de l'abbaye de Saint-Nicolas-de-Bourgueil, avait aussi remarqué l'admirable qualité de ce plant en Guyenne et s'était empressé de le faire planter dans ses propriétés de Chinon et de Bourgueil par son intendant, l'abbé Breton. C'est ainsi que l'on prit l'habitude dans les actes notariés de mentionner si un clos de vignes était planté en plants de l'abbé Breton ou, plus simplement, en plant breton.

Autour du monde

En Italie, le cabernet franc a été introduit dans le Frioul dès le XIXe siècle, alors que les Habsbourg dominaient la région. Si la distinction n'est ici pas toujours bien établie avec son compagnon d'assemblage, le cabernet-sauvignon, on peut toutefois évaluer à près de 7 000 hectares sa superficie car il s'est répandu dans le reste de la péninsule. Le cabernet franc y est d'ailleurs plus cultivé que le cabernet-sauvignon ; ses vins peu tanniques, à boire après deux ou trois ans de garde, atteignent une bonne qualité et satisfont un large public.
Il en va de même en Europe de l'Est, où il est notamment cultivé en Yougoslavie et en Hongrie.
L'autre foyer du cabernet franc est l'Australie qui compte aujourd'hui environ 7 500 hectares de ce plant.
On le retrouve aussi, mais à moindre échelle, en Afrique du Sud, en Nouvelle-Zélande et en Argentine. Aux États-Unis, le cabernet franc a longtemps été confondu avec le merlot. L'erreur est aujourd'hui réparée et les vignerons obtiennent de beaux résultats dans les États de Californie, de Washington et de New York.

Le goût

Le vin de cabernet franc est un peu moins coloré que celui du cabernet-sauvignon ; il est aussi moins riche en tanins, ce qui le rend plus rapidement accessible. Lorsque son raisin a été récolté sur les sols de craie tuffeau ou des terroirs argilo-sableux, son vin acquiert une palette aromatique intense de framboise, de violette et de réglisse.
Sur les terres plus froides, le cabernet peut en revanche donner des vins assez pâles et quelque peu végétaux : on dénote alors des arômes de poivron.

Entre Loire et Vienne… les rois de la Touraine

Bourgueil, saint-nicolas-de-bourgueil, chinon… des vins qui font l'éloge du cabernet franc. Le Bourgueillois distingue vins de tuf et vins de terrasses. Les premiers sont bien structurés, un peu austères dans leur jeunesse, mais peuvent se bonifier en cave plus de cinq ans. Les seconds, très aromatiques, développent des notes de cerise et de fraise. Ces vins sont plus aimables dans leur jeunesse que ceux de tuf. Le chinon, dans sa robe rubis à peine soutenu, privilégie la souplesse en bouche et l'élégance fruitée au nez : il ajoute au concerto de fruits rouges l'accord des fruits à noyau. À Bourgueil comme à Chinon, lorsque des arômes de réglisse ou de poivron se manifestent, les spécialistes disent que les vins « bretonnent ».

Alias…

Le cabernet franc est si répandu dans le monde qu'il admet des noms fort divers. Il partage avec le cabernet-sauvignon les noms de petite vidure et de bidure en patois bordelais, mais on le trouve également sous l'étiquette breton, plant breton, plant de l'abbé Breton à Chinon et dans la Vienne. En Bordelais, certains vignerons de Saint-Émilion le nomment bouchet ou gros bouchet, ceux du Médoc gros cabernet ou encore grosse vidure, et ceux de Madiran bouchy.

Reconnaître le cépage

Le bourgeonnement du cabernet franc est cotonneux blanc, avec un liseré carminé, et la feuille orbiculaire et lisse. D'un vert assez clair et brillant, celle-ci présente cinq lobes bien distincts et de petites dents étroites. Le sinus pétiolaire est en lyre étroite et le dessous du limbe aranéeux. À l'automne, certaines parties du feuillage rougissent. La grappe, de petite taille, est de forme presque conique, avec parfois un petit aileron. Elle est chargée de baies rondes d'un noir bleuté, dont le jus est à la fois sucré et quelque peu astringent.

C'est à la Devinière, en pays chinonais, que naquit François Rabelais vers 1495. L'humaniste de la Renaissance célébrait déjà les vins de cabernet franc.

À gauche : le château Cheval-Blanc, en saint-émilion grand cru, doit son originalité à une dominante de cabernet franc sur son terroir de graves anciennes.

Le cabernet-sauvignon

Cépage médocain par excellence, le cabernet-sauvignon donne aux grands crus de la rive gauche de la Gironde tout leur caractère. Implanté en Espagne, il s'est aussi très largement répandu dans les vignobles du Nouveau Monde. Ce cépage bordelais, et l'un des meilleurs représentants des variétés nobles françaises, a voyagé dans les deux hémisphères avec le même succès.

Découverte dans le vignoble

On identifie aisément le cabernet-sauvignon sur le terrain à ce goût évocateur du poivron, plus ou moins marqué selon les terroirs. On sait moins, en revanche, qu'il s'agirait d'un croisement ancien de sauvignon blanc et de cabernet franc. Bien droit sur son cep, le cabernet-sauvignon possède des rameaux très flexibles qui permettent aux vignerons d'adopter divers modes de palissage. Il est en outre d'une grande souplesse de culture. Parce que ses bourgeons débourrent tardivement, il échappe aux gelées printanières si dévastatrices ; ses baies sont par ailleurs suffisamment épaisses pour résister à la pourriture lorsque le temps est pluvieux à l'approche des vendanges. Aussi régulier soit-il dans les différents terroirs, le cabernet-sauvignon ne peut fournir des vins de grande qualité que lorsque ses rendements sont raisonnables. En juillet, les vignerons consciencieux n'hésitent pas à vendanger en vert, c'est-à-dire à éliminer les grappes naissantes en surnombre, pour limiter la future vendange. Dans le Bordelais, les meilleurs vins naissent des vieilles vignes dont le raisin produit un vin de belle concentration. *A contrario*, les jeunes vignes vigoureuses peuvent dépasser 70 hectolitres d'un vin de qualité secondaire qui doit être écarté de l'élaboration des grands crus. Un même souci de qualité conduit certains domaines des nouveaux vignobles, en Californie au cœur de la Napa Valley ou en Catalogne, à réduire les rendements. Bien sûr, le cabernet-sauvignon peut être soumis à une taille moins sévère afin d'obtenir une vendange abondante. Et des rendements encore supérieurs sont possibles sous des climats plus chauds à partir de vignes soumises à l'irrigation, mais les producteurs obtiennent alors des vins d'une qualité plus que modeste.

Avec la cordillère des Andes pour toile de fond, le vignoble chilien occupe une succession de vallées plus ou moins sableuses. Le cabernet-sauvignon est ici le cépage rouge le plus planté après le país et le sémillon.

En France

Le cabernet-sauvignon, fort de 60 800 hectares en 2006, occupe la cinquième place au classement des cépages français. On le trouve principalement dans quatre régions. En Aquitaine, où il représente quelque 33 175 hectares, ce plant incarne les grands vins du Médoc. Moins important qu'autrefois, il couvre néanmoins 52 % du vignoble. Il affectionne les sols graveleux, chauds, qui descendent en pente douce vers la Gironde. Ici, les eaux de pluie sont bien drainées, et le cabernet-sauvignon n'a jamais les pieds dans l'eau. Dans le haut Médoc, qui s'étend de Blanquefort à Saint-Seurin-de-Cadourne, six appellations communales produisent les vins les plus réputés du Bordelais : listrac-médoc, moulis-en-médoc, margaux, pauillac, saint-estèphe, saint-julien. C'est au XVIIIe siècle que le vignoble médocain s'est placé à l'avant-garde de la viticulture ; très tôt, ses propriétaires ont pris conscience du lien étroit entre le terroir et la qualité des vins. Une idée qui allait faire son chemin et inciter les courtiers à établir un classement des vins en 1855, soit près d'un siècle avant les autres régions. Le cabernet-sauvignon fut le premier à profiter de ces avancées.

Les vignerons du Sud-Ouest ont adopté le cabernet-sauvignon comme cépage secondaire de vins rouges et parfois rosés, notamment en bergerac et en buzet. Dans le Sud de la France, ce plant s'est diffusé essentiellement pour la production de vins de pays. Il en est ainsi en Languedoc (12 815 hectares) comme en Provence (3 170 hectares), mais dans cette dernière région le cabernet-sauvignon participe également à des appellations d'origine tels les côtes-de-provence ou les coteaux-d'aix-en-provence. Dans la vallée de la Loire (2 069 hectares), ce cépage entre accessoirement dans l'élaboration des vins rouges ou rosés des appellations anjou, bourgueil, chinon, saumur, touraine ainsi que dans celle des vins rosés cabernet-d'anjou et cabernet-de-saumur. Il vient alors en complément du cabernet franc.

Autour du monde

Le cabernet-sauvignon est le cépage de cuve noir le plus diffusé après le merlot en raison de la grande qualité de son vin. Il couvre 260 000 hectares dans le monde et s'est dispersé en Espagne, en Italie, en ex-Yougoslavie, en Roumanie, en Bulgarie, en Moldavie, ainsi qu'en Afrique du Sud, aux États-Unis, au Chili ou encore en Australie. Des *success stories*, le cabernet en connaît de nombreuses. En Espagne, il donne naissance au Gran Coronas Etiqueta Negra du producteur catalan Miguel Torres. Les 29 hectares du Mas La Plana, dans le Penedès, lui sont entièrement consacrés. Sur des terrasses d'origine fluviatile et des graves, les vignes, âgées en moyenne de vingt ans, produisent un raisin concentré que les vendangeurs récoltent de nuit pour en préserver les arômes. Le vin commence son élevage en fût de chêne neuf français et américain, puis séjourne douze mois en barrique de deux ou trois vins. Le Gran Coronas Etiqueta Negra devient ainsi un géant de structure dans une enveloppe de velours.

En Californie, le cabernet-sauvignon est le protagoniste d'une belle histoire de coopération vinicole. En 1979, le producteur Robert Mondavi s'unit au Français Philippe de Rothschild, propriétaire du château Mouton-Rothschild en pauillac. 1979 marque aussi le premier millésime de cette alliance, puisqu'il fut vinifié par Lucien Sionneau, maître de chai à Mouton-Rothschild, et Timothy Mondavi. Quatre ans plus tard, les deux célèbres producteurs créent à Oakville, dans la Napa Valley, un domaine à l'encépagement typiquement médocain : Opus One, dont le vin devient bientôt l'un des plus prestigieux des États-Unis. Le cabernet-sauvignon est toujours majoritaire dans l'assemblage de l'Opus One, variant entre 80 et 97 %. Il est complété, selon les années, par du cabernet franc, du merlot et parfois du malbec. Élevé en fût de chêne français pendant un peu moins de vingt mois, l'Opus One est un vin charpenté, aussi complexe au nez qu'en bouche : il livre certes des arômes épicés hérités du bois, mais aussi de fines notes de violette et des nuances mentholées qui persistent longuement. Avec le temps, il gagne en souplesse et en distinction.

Le goût

Lorsque les rendements sont maîtrisés, le cabernet-sauvignon est à l'origine de vins colorés, dont le caractère tannique perceptible dans leur prime jeunesse est encore accentué dans les crus classés du Médoc par le vieillissement en fûts de chêne neuf dont le bois provient généralement de la célèbre forêt de Tronçay dans l'Allier. Toutefois, au bout de quelques années, dont le nombre varie bien sûr selon les millésimes et les crus, le vin gagne une trame de tanins fins, s'ouvre sur des arômes complexes : notes de cassis mûr, de cèdre et d'épices. L'arôme de poivron est certes une caractéristique du cabernet-sauvignon, mais est-il toujours un signe de qualité ? Trop intense, cette note traduit une maturité insuffisante du raisin et laisse le dégustateur sur une sensation végétale désagréable. Dans le Médoc, les raisins de cabernet-sauvignon ne sont jamais vinifiés seuls, mais ils peuvent représenter les trois quarts de l'assemblage, le solde étant fourni par le cabernet franc, le merlot ou le petit verdot.

À droite : Au château Lafite-Rothschild, en pauillac, le cabernet-sauvignon représente 70 % de l'encépagement. L'élégance de ce cépage s'exprime pleinement.

Pauillac, la puissance et l'élégance

Le cabernet-sauvignon occupe une place dominante dans l'aire du pauillac. Ce vin prestigieux et de longue garde offre une couleur grenat profond.
Le bouquet reprend les notes de cassis auxquelles s'allient des arômes de cuir et un soupçon de vanille, de réglisse et de torréfaction hérité d'un élevage en fût. S'il est austère dans sa jeunesse, le pauillac s'arrondit au fil du temps et gagne une indéniable finesse. C'est l'une des appellations de très longue garde.

Reconnaître le cépage

Le bourgeonnement du cabernet-sauvignon est duveteux, avec un liseré carminé, et la feuille orbiculaire. Vert foncé, celle-ci présente un aspect bullé, brillant, profondément quinquelobé, avec un sinus pétiolaire en lyre fermée. Le dessous du limbe est duveteux au toucher. À l'automne, le feuillage rougit légèrement. La grappe, petite à moyenne, a la forme d'un cône. Elle possède parfois un aileron. Ses petites baies noires sphériques prennent une teinte bleutée du fait d'une pruine abondante. Elles sont recouvertes d'une peau épaisse, dure, et renferment une chair croquante dont la saveur caractéristique rappelle les fruits sauvages comme les sorbes.

Alias...

On connaît le cabernet-sauvignon sous le nom de vidure, c'est-à-dire « bois dur » en patois bordelais, ou encore de petite vidure, de vidure sauvignonne, de navarre en Dordogne, de bouchet à Saint-Émilion, de bouschet-sauvignon dans le Libournais, de marchoupet à Castillon-la-Bataille, de carbouet dans le Bazadais, nom qu'il partage avec le cabernet franc. Dans les Graves, les vignerons parlent parfois de sauvignonne et, dans le Médoc, de sauvignon, par abréviation. Dans le Centre, si l'on présente au voyageur étonné un sauvignon rouge, nulle surprise, il s'agit bien du cabernet-sauvignon. En Russie et en Bulgarie, le kaberne-sovinjon est baptisé lafite ou lafet, sans doute pour rappeler le célèbre Château Lafite ; de manière similaire, les Espagnols le connaissent sous le nom de burdeos tinto.

Le carignan

Existe-t-il cépage plus injustement traité que le carignan ? Accusé de tous les maux, il a souffert d'une culture en plaine, dans des situations à hauts rendements peu favorables à son expression. Pourtant, sur les bons terroirs et lorsqu'il est âgé, le carignan peut donner des vins de grand caractère.

Découverte dans le vignoble

Vigoureux, le carignan possède des rameaux très résistants, ce qui explique son surnom de bois dur. Parce qu'il débourre tard dans la saison, il évite aisément les méfaits des gelées précoces, mais sa maturité tardive limite sa culture au climat méditerranéen. Sa production est très variable selon la situation des vignobles et le mode de conduite : de 30 à 70 hectolitres à l'hectare en coteau contre 200 hectolitres par hectare en plaine. Par ailleurs, le carignan est bien connu pour son extrême sensibilité à l'oïdium qui favorise ensuite le développement de la pourriture sur ses grappes.

En côtes-du-roussillon-villages, le carignan côtoie la syrah et le grenache noir pour l'élaboration de vins puissants (ci-contre, le château de Jau). Ci-dessous, le village de Minerve a donné son nom à l'appellation minervois.

En France

Ce cépage noir espagnol, originaire de la région aragonaise, était autrefois cultivé autour de la ville de Cariñena. Introduit en France au XIIe siècle, il s'y développa et devint bientôt le premier cépage cultivé dans l'Hexagone. Malgré les arrachages massifs pratiqués ces dernières années pour réduire de moitié les superficies de carignan, il couvre encore plus de 74 200 hectares en France. Il se concentre dans trois régions méridionales : le Languedoc-Roussillon, la Provence et, à moindre échelle, la Corse. Jusqu'à la fin des années 1970, son expansion dans le Languedoc a permis la production de vin de masse. Comme l'aramon qu'il a peu à peu évincé, le carignan était destiné aux coupages avec les vins puissants d'Algérie ; on en tirait des vins de table assez alcooliques, sans caractère et souvent acides, exportés dans les grandes villes industrielles du Nord par chemin de fer.
Aujourd'hui, les vignerons languedociens rendent au carignan sa typicité en préservant ses vieux ceps sur des coteaux bien exposés et sur des sols argilo-calcaires, des arènes granitiques et des schistes. Le carignan reste ainsi l'un des principaux cépages des côtes-de-provence, costières-de-nîmes, faugères, minervois, fitou, saint-chinian, corbières et côtes-du-roussillon, ses compagnons de cuve étant souvent le grenache noir, le cinsaut, la syrah ou encore le mourvèdre. En fitou, il constitue entre 60 et 70 % des vins ; il apprécie ici les sols de schistes du bassin de Villeneuve et de Cascatel, ainsi que les sols argilo-calcaires rouges des bords de mer.

Autour du monde

On pourrait croire que le carignan, ou mazuela, est encore abondamment cultivé en Espagne,

notamment dans l'aire d'appellation aragonaise cariñena. Pourtant, il n'en est rien ; avec 8 103 hectares, il est certes recommandé dans les communautés du Pays basque, de Navarre, de La Rioja et d'Aragon, mais c'est en Catalogne qu'il se concentre. Et le vin de Cariñena contient aujourd'hui davantage de grenache que de carignan. Le petit vignoble catalan du Priorato se distingue au sein d'un cirque de collines protectrices, sous un climat tempéré et plutôt sec. Le carignan est encore le principal cépage sur ces sols pauvres, mêlant ardoise et quartz, appelés *llicorella*, mais le grenache progresse. Ses ceps s'accrochent aux terrasses travaillées par des générations de vignerons. Les vins possèdent une robe intense et développent des arômes de fruits mûrs.
En Italie, le carignan a droit à une dénomination d'origine à part entière : le carignano del Sulcis est un vin rouge ou rosé, parfois pétillant, élaboré en Sardaigne dans la province de Cagliari. Ce plant se répandit par ailleurs dans le monde entier pour atteindre aujourd'hui plus de 120 000 hectares.
On le retrouve en Tunisie, au Maroc, en Californie, au Mexique, en Argentine, en Uruguay, en Australie dans la vallée de la Barossa, en Chine et même en Inde au Bengale-Occidental.

Petite aire isolée de la Catalogne viticole, le Priorato produit de grands vins rouges issus du carignan et du grenache.

Le côtes-du-roussillon

Le carignan représente 60 % de l'assemblage des côtes-du-roussillon rouges. Les épices constituent sa signature dans une palette où l'on retrouve aussi la griotte et la mûre du grenache, le cassis et la violette de la syrah. Le carignan trouve en côtes-du-roussillon des terroirs de prédilection. Vins de garde, généreux et puissants, issus des sols argilo-calcaires de Tautavel ou des terrasses des Albères ; vins souples, abordables jeunes, originaires de terroirs schisteux, comme dans la vallée de Maury dominée par l'imposante silhouette du château de Queribus.

Reconnaître le cépage

Le bourgeonnement du carignan est cotonneux blanc, tandis que la feuille, de grande taille, orbiculaire et très gaufrée, se découpe en cinq lobes dentelés ; le dessous du limbe est aranéeux. La grappe, assez grosse et cylindroconique, forme un aileron ; ses baies noir bleuté renferment un jus sucré un peu fade, et sont recouvertes d'une peau épaisse, plutôt astringente.

Alias...

Le mot carignan connaît diverses variations : carignane, carigane noire, carignano, carinena, calignan. Ce cépage est également dénommé bois dur, bois de fer, plant d'Espagne, roussillonen ou encore catalan dans l'Aude, mataro dans le Gard. En Espagne, les vignerons le cultivent sous les noms de cariñena, crujillón, mazuela, tandis que les Italiens évoquent le carignano ou le legno duro (notamment en Toscane).

Le goût

En coteau, le carignan produit des vins au degré élevé, supérieurs à 12 % vol., acides, bien colorés et charpentés. La pratique de la macération carbonique permet en outre d'extraire le meilleur de la vendange : les raisins entiers macèrent dans une cuve emplie de gaz carbonique et libèrent leurs composés aromatiques. À l'image des corbières de Boutenac, où le carignan marié au grenache est généralement élevé en barrique, les vins expriment les fruits rouges, accompagnés de notes d'épices et de garrigue, tandis que leur matière se construit autour de tanins assouplis, sans astringence.

La légendaire citadelle cathare de Queribus domine le paysage des côtes-du-roussillon de son imposante silhouette.

Le chardonnay

Grand cépage bourguignon auquel on doit le montrachet, le plus réputé des vins blancs secs, le chardonnay a été planté dans presque tous les vignobles de la planète.
Que recherchent ces vignerons du bout du monde qui l'ont acclimaté à leurs terroirs ? Des vins fins et d'une grande puissance aromatique.

Découverte dans le vignoble

Il existe un paysage du chardonnay, dicté par la fragilité de ce cépage aux gelées printanières : en Bourgogne comme en Champagne, chaufferettes, rampes d'aspersion ponctuent les rangs de vignes taillées en Guyot pour protéger les bourgeons à peine naissants à la fin mars ou au début avril. En mai, le vigneron observe le ciel avec une même inquiétude car toute pluie ou baisse du mercure entraînera une coulure après floraison.

La Montagne de Corton porte sur ses hauteurs, juste sous les bois, les vignes de corton-charlemagne. En descendant, c'est le grand cru corton qui s'impose, surtout en rouge, où le pinot noir succède au chardonnay, puis viennent les premiers crus et les villages.

En France

Seuls le Sud-Ouest et le Centre de la France semblent avoir oublié le chardonnay. Partout ailleurs, ce cépage a connu une grande expansion, les surfaces cultivées étant passées de 19 870 hectares en 1988 à 42 000 hectares en 2006. Au même titre que le pinot noir, le chardonnay tient la vedette en Bourgogne, son berceau historique. Les grands vins blancs secs qu'il produit en Côte d'Or sont recherchés comme des œuvres d'art : montrachet, meursault, corton-charlemagne, des grands crus qui font monter les enchères. Dans le chardonnay réside aussi l'âme du chablis tout autant que dans les célèbres sols argilo-calcaires et les marnes à *Exogyra virgula* (de minuscules huîtres fossiles) du Kimméridgien. À l'ouest de Mâcon, ce cépage dévoile une autre de ses facettes sur les terroirs de pouilly-fuissé et des jumeaux pouilly-loché et pouilly-vinzelles : des vins attachants naissent ainsi au pied des escarpements calcaires de Solutré et de Vergisson, où vécurent il y a vingt mille ans, au paléolithique supérieur, d'incroyables tailleurs de pierre et chasseurs de chevaux.

Plus au nord, le chardonnay occupe 27 % du vignoble champenois ; il a élu son domicile principal aux abords sud d'Épernay, sur des pentes crayeuses relativement abritées du froid : la Côte des Blancs. Ici sont produits les champagnes dits blancs de blancs, c'est-à-dire uniquement élaborés à partir du chardonnay et non de l'assemblage de raisins noirs (pinot noir et meunier) et blancs. Le chardonnay serait-il un cépage septentrional ? Loin s'en faut, car on le retrouve avec des expressions singulières dans le Languedoc, et notamment dans les quatre terroirs de Limoux. Associé au chenin et au mauzac en proportion variable, il entre dans les effervescents crémant et blanquette de Limoux, comme dans le limoux tranquille. D'autres régions ont adopté le chardonnay dans l'assemblage de leurs vins : l'Alsace pour son crémant, le Jura en accompagnement du savagnin, ou encore l'Anjou qui associe chardonnay

et sauvignon à une majorité de chenin (80 %) pour l'élaboration de vins secs. Enfin, de nombreux vins de pays sont issus du chardonnay.

Autour du monde

Quel vignoble au monde n'a pas ses pieds de chardonnay ? La superficie mondiale de ce cépage dépasse désormais 150 000 hectares.
La diversité des vins obtenus est à l'image des pays producteurs. L'Italie, qui a longtemps confondu chardonnay et pinot blanc, a su refaire ses comptes. Forte d'environ 11 775 hectares de ce cépage, elle a acquis une réputation honorable pour ses vins fins, élevés en barrique, du Trentin et du Frioul. Le raisin est également assemblé pour l'obtention de spumante.
Dans le Piémont, le producteur Angelo Gaja consacre son vignoble de Gaia au chardonnay, à plus de 400 mètres d'altitude. Vinifié sur lies, le vin subit une seconde fermentation, dite malolactique, en barrique de chêne neuf : concentré, il livre des arômes de vanille, de beurre frais et de praliné, accompagné en bouche d'une élégante acidité fruitée. En Espagne, le cava, vin effervescent de méthode traditionnelle essentiellement produit en Catalogne, peut lui aussi comporter une certaine part de chardonnay. Le Burgenland autrichien est quant à lui réputé pour ses vins liquoreux de qualité et la Roumanie pour ses chardonnays de vendanges tardives (moelleux) récoltés dans la région de Murfatlar.
Outre-Atlantique, le chardonnay a connu une multiplication exponentielle : il représente aux États-Unis plus de 41 500 hectares, soit une superficie supérieure à celle de ce cépage en France. La Californie, qui regroupe la majeure partie des vignes, a élu les aires plus fraîches de Napa, Sonoma et Monterey comme les plus adaptées à l'expression du chardonnay.
L'État de Washington a également parié sur ce cépage dès la fin des années 1980, délaissant quelque peu riesling et sémillon qui avaient fait sa réputation d'antan. D'autres pays ont fait de la variété bourguignonne le porte-drapeau d'une viticulture de qualité et la clé des marchés étrangers : l'Argentine, le Chili dans la vallée de Casablanca, la Nouvelle-Zélande et surtout l'Australie qui n'a cessé d'accroître ses plantations.

Le goût

Les vins de chardonnay, tranquilles ou effervescents, secs ou doux, se distinguent par leur élégance, soutenue par une acidité de bon aloi, et leur palette intense.
En Bourgogne et dans les contrées du Nouveau Monde qui se sont inspirées des grands vins secs de cette région, le vin de chardonnay connaît une fermentation malolactique, qui assouplit sa matière, et vieillit en fût de chêne. Les arômes complexes varient selon les terroirs : depuis la pierre à fusil, le tilleul et les fruits blancs (pêche, poire, litchi) à Chablis jusqu'au beurre et au miel d'acacia en Côte d'Or. Entre les deux, toute une gamme de nuances aromatiques marque la personnalité des crus. Les blancs de blancs sont les plus fins et les plus frais des champagnes : le chardonnay leur lègue ses flaveurs de pain grillé, de beurre, de brioche, de noisette et de paille sur fond de fruits blancs et d'agrumes citronnés. Signe distinctif du cépage, la robe des vins brille toujours d'un incomparable reflet vert.

Le corton-charlemagne

Sur la partie haute de la Montagne de Corton naît un vin blanc sec mythique, le corton-charlemagne. Or pâle animé de reflets verts dans sa jeunesse, il déploie un bouquet riche : pomme au four délicatement beurrée, tilleul, miel, cannelle, agrumes. Sa bouche généreuse et structurée en fait un vin apte à une garde de vingt ans.

Page de droite en haut : Situé dans la partie septentrionale de la Bourgogne, le Chablisien a développé son vignoble dès le XIIe siecle, lors de la fondation de l'abbaye cistercienne de Pontigny. Vin fruité, le chablis a acquis une notoriété de part et d'autre de l'Atlantique.
En bas : Au sud de San Francisco, le comté de Monterey cultive le paradoxe : un climat général sec qui impose l'irrigation et des vents frais qui créent les conditions favorables aux cépages bourguignons.

Reconnaître le cépage

Longtemps tenu pour la forme blanche du pinot noir, avec lequel il cohabite en Bourgogne, le chardonnay s'en distingue cependant par la forme de sa feuille. Après un bourgeonnement duveteux blanc à liseré carminé, la feuille, orbiculaire et d'un vert clair assez vif, présente un aspect finement bullé. Trois lobes se dessinent à peine et les bords de la feuille se recourbent. Le sinus pétiolaire est en lyre à base dégarnie. La grappe, cylindrique, possède parfois deux ailerons ; ses baies peuvent être sphériques ou légèrement oblongues. Jaune ambré au soleil, elles sont recouvertes d'une peau assez mince et renferment une chair douce et sucrée, faiblement consistante.

Alias...

Les divers noms attribués au chardonnay rendent compte des confusions entretenues avec des cépages tels que le pinot blanc, le chenin ou le melon. Aux environs de Paris, le chardonnay est appelé morillon blanc, tandis qu'en Bourgogne il admet les synonymes de chardonnet, chardenay, chaudenet dans la Côte chalonnaise, rousseau ou roussot dans l'Yonne, noirien blanc en Côte d'Or, beaunois près de Tonnerre. Les Champenois le connaissent aussi sous l'étiquette d'épinette dans la Marne ou d'arboisier dans l'Aube, et les Jurassiens sous celle de melon blanc ou de melon d'Arbois.

Le chasselas

Il existe en Mâconnais une commune du nom de Chasselas qui aurait pu mettre tout le monde d'accord sur l'origine de ce cépage. Mais les hommes, au gré de leurs déplacements géographiques, ont forgé d'autres histoires.

La treille du Roy

L'une raconte que le chasselas était cultivé depuis un temps immémorial aux environs de Constantinople. Sous le règne de François Ier, après la signature du traité de commerce de 1536 avec la Turquie, un ambassadeur aurait rapporté en France des sarments qui furent plantés au château de Fontainebleau et à Thomery pour constituer la treille du Roy. Plus tard, à l'époque de Louis XV, le général Courten aurait importé en Suisse des plants de chasselas provenant de Fontainebleau. Anachronisme dit l'historien : la fameuse treille du Roy ne fut plantée que vers 1750. L'hypothèse suisse est alors avancée. Des moines cisterciens, défrichant les taillis des côtes du Dézaley, auraient cultivé le fendant dès le Moyen Âge. De là, la culture de ce cépage gagna tout le pays vaudois, Genève, Neuchâtel, le lac de Bienne et le Valais. La treille du Roy à Fontainebleau ne devrait ses ceps de chasselas qu'à la faveur des soldats suisses au service de la France entre 1515 et 1830 et qui comptaient dans leurs rangs de nombreux vignerons.

Découverte dans le vignoble

Cépage de table et de cuve, le chasselas débourre tôt, ce qui l'expose aux gelées de printemps. Conduit en gobelet, sans aucun palissage dans le sud de la France, il est en revanche soutenu par des échalas en Suisse. Ailleurs, ses rameaux sont parfois disposés en cordon sur fils de fer. Les rendements sont ainsi très variables selon les pratiques culturales et les sols. Les plus belles grappes pour la table sont obtenues dans les terres maigres des coteaux du Tarn-et-Garonne, où elles bénéficient de l'appellation d'origine chasselas de Moissac.

En France

Pouilly-sur-loire, alsace, crépy et vin-de-savoie sont les quatre représentants du chasselas français. Si quelque 2 354 hectares de ce cépage produisent du raisin de bouche, moins de 450 hectares sont destinés à être vinifiés.
À Pouilly-sur-Loire, sa superficie régresse au profit du sauvignon car les vignerons le jugent trop irrégulier et sensible aux conditions climatiques. En Alsace, le chasselas participe à l'élaboration de l'edelzwicker aux côtés du pinot blanc, de l'auxerrois et du sylvaner notamment. Autrefois, près de Colmar, on produisait aussi des vins de paille ou *Strohwein*, élaborés avec des raisins bien mûrs séchés sur de la paille ; ces vins doux étaient appelés « vins des Trois Rois » (les Rois mages).
Aujourd'hui, c'est en Savoie que le chasselas garde sa meilleure position ; au bord du lac Léman, à Marin, Ripaille et Marignan, il offre des vins légers, souvent perlants.

En Suisse

Le chasselas, connu ici sous le nom de fendant, est le premier cépage cultivé avec près de 6 000 hectares, soit 40 % du vignoble. Il est répandu dans le canton de Vaud, où il occupe une place privilégiée sur les terrasses qui dominent le lac Léman. La Côte, Lavaux, Chablais... Ici la vigne compose le paysage, traditionnellement cultivée sur des coteaux très pentus pour bénéficier du meilleur ensoleillement. Dans le Valais, le chasselas occupe les rives escarpées du Rhône, laissant son empreinte dans les crus de Sion, de Martigny et de Chamoson.
Il règne par ailleurs en maître dans les cantons de Genève, de Neuchâtel et de Berne sur la rive gauche du lac de Bienne, au pied du Jura.

Autour du monde

En Allemagne, le chasselas a été planté dès le début du XVIIe siècle dans le Wurtemberg et en Franconie, puis un siècle plus tard en Saxe et dans le pays de Bade. Il s'est répandu dans les pays de l'Est, ainsi que dans la péninsule Ibérique, en Italie, en Algérie, au Liban et en Israël. Au Nouveau Monde, il est cultivé au Chili, en Californie et en Nouvelle-Zélande.

Le goût

Légèrement perlant, frais et d'une agréable amertume en fin de bouche : c'est à ces caractères que l'on reconnaît un vin de chasselas. Ses arômes ne sont pas moins typiques, mêlant notes de tilleul à de fines touches florales et parfois même à un accent minéral qui signe le terroir.

Le dézaley

Au cœur du spectaculaire vignoble de Lavaux, en Suisse, le terroir de Dézaley bénéficie de « deux soleils », l'astre et sa lumière reflétée par le lac puis accumulée dans les murets des terrasses. Les grains de chasselas produisent un vin jaune pâle, aux accents de miel et de fleurs. La richesse est bien équilibrée par la vivacité du cépage, et la finale glisse vers les notes épicées.

Reconnaître le cépage

Après un bourgeonnement aranéeux et de jeunes feuilles rouges, la feuille du chasselas est unie, d'une couleur vert clair. Elle présente cinq lobes distincts. La grappe, cylindrique, porte des baies sphériques de couleur vert clair à jaune ambré, tachetée de roux au soleil. Leur pellicule est fine mais résistante, leur chair juteuse et fondante.

Alias...

Beaucoup de toponymes s'adjoignent au nom de chasselas pour témoigner de sa grande diffusion. Ses principaux synonymes sont toutefois ceux de mornen dans le Rhône et l'Ain, de fendant, fendant roux ou fendant vert en Suisse, de weisser gutedel en Allemagne.

Page de gauche : Le vignoble de Moissac bénéficie d'une appellation d'origine contrôlée pour sa production de raisin de table chasselas.

À droite : Au bord du lac Léman, dans le canton de Vaud, les vignes de Dézaley s'échelonnent en terrasses, sur de fortes pentes.

Le chenin

Chenin. Ce nom rappellerait le clos du Mont Chenin à Cormery, en Touraine. Pourtant, le cépage ne fit son apparition dans le vignoble tourangeau qu'au début du XVe siècle, soit bien après avoir été implanté en Anjou, au milieu du IXe siècle. Cette vigne blanche, autrement dénommée pineau de la Loire, serait née d'une sélection de pineau d'Aunis, un cépage noir qui recevait également le nom de chenin noir.

Découverte dans le vignoble

Le chenin débourre précocement, ce qui le rend sensible aux gelées de printemps. Parce que ses souches sont très diverses, les vignerons angevins recherchent les clones dont la maturation est la moins tardive. Ils privilégient les sites bien exposés, sur des sols caillouteux qui se réchauffent rapidement. Le *Botrytis cinerea* (pourriture noble) se développe aisément sur les baies de chenin et permet d'obtenir de grands vins liquoreux. Les vendangeurs sont donc conduits à laisser le raisin se passeriller sur souche ou bien à récolter les grains botrytisés en plusieurs passages dans les rangs de vignes : cette pratique est appelée « tries successives ».

Baies dorées de chenin surmûri.

En France

Si le chenin a fait une timide percée en Languedoc pour l'élaboration de la blanquette-de-limoux, aux côtés du mauzac et du chardonnay, c'est en Val de Loire qu'il donne ses meilleurs résultats. Il couvre en France quelque 9 800 hectares. Selon ses terroirs d'origine en Anjou et en Touraine, il offre un large éventail de vins, depuis les vins blancs secs assez vifs, parfois effervescents, jusqu'aux liquoreux. Le chenin doit sa réputation en Anjou à des vins moelleux ou liquoreux. Coteaux-du-layon, bonnezeaux, quarts-de-chaume : autant d'expressions du cépage et de ses terroirs. Vinifié en sec, le chenin a également acquis des lettres de noblesse. Le savennières et ses crus coulée-de-serrant et roche-aux-moines bénéficient d'un microclimat tempéré par la Loire située en contrebas des coteaux schisteux. Ils se caractérisent par leur finesse. La plus grande complexité est perceptible dans les crus. En appellation anjou, le chenin est désormais associé aux chardonnay et sauvignon à hauteur de 20 % pour produire des vins secs. On retrouve ce cépage en Saumurois, ainsi que dans les aires d'appellations vouvray, montlouis ou encore coteaux-du-loir et jasnières. Selon les millésimes et la proximité des vignes de la Loire, il sort des caves fraîches creusées dans le tuffeau des vins secs, demi-secs, moelleux, tranquilles et, depuis la fin du XIXe siècle, mousseux ou pétillants.

Autour du monde

L'Afrique du Sud a ouvert les portes de son vignoble au chenin. Le premier commandant du Cap, Jan Van Riebeeck aurait bien pu en planter en 1655, trois ans après avoir établi un comptoir de ravitaillement. Appelé steen, le chenin couvre 24 800 hectares, soit près de 30 % des superficies viticoles. Sous un climat de type méditerranéen, fort éloigné de la douceur angevine, de

gros volumes de vins faciles à boire et parfois assez mous sont produits. Il en va de même en Californie, où les plantations de chenin sont aussi développées qu'en France, ainsi qu'en Argentine ou encore en Australie et en Nouvelle-Zélande. Le chenin couvre ainsi plus de 50 000 hectares dans le monde

Le goût

Le miel, l'acacia, le coing et les fruits confits typiques de la surmaturation du raisin se partagent les arômes des vins liquoreux de chenin. Ceux-ci sont toujours séveux et parfois puissants. Leur robe va d'un jaune teinté de reflets verts en anjou-coteaux-de-la-loire à une couleur or profond en coteaux-du-layon. La concentration du raisin par le champignon *Botrytis cinerea*, et non par passerillage sur souche, se traduit par une couleur plus dense. L'âge apporte ensuite des nuances orangées. La grande acidité de ce cépage assure aux vins une bonne aptitude générale à la garde, les meilleurs liquoreux pouvant être dignes d'un vieillissement de quarante ans, parfois davantage dans les grands millésimes. Les vins secs allient rondeur, vivacité et arômes de fruits citronnés. Ceux de savennières se distinguent par un bouquet subtil, jamais exubérant : fleurs blanches comme l'acacia, tilleul, notes minérales ; ils laissent en finale une légère amertume typique du terroir.

Les cépages blancs représentent près des deux tiers de la production en Afrique du Sud. Le chenin domine encore le vignoble devant le colombard.

Le bonnezeaux

Implanté plein sud, sur trois coteaux de schistes abrupts au-dessus du village de Thouarcé et de la rive droite du Layon, le chenin attend la fin du mois d'octobre pour être vendangé. Les baies ont eu le temps de se concentrer grâce à un passerillage sur souche. Il en résulte un vin liquoreux intense, jaune doré à reflets verts, qui décline avec finesse les fruits secs, les fruits exotiques, les agrumes, la poire mûre et les fleurs blanches.

Reconnaître le cépage

Après un bourgeonnement cotonneux blanc à liseré carminé, la feuille du chenin est vert foncé, orbiculaire et bullée. Elle forme cinq lobes très distincts. Le sinus pétiolaire est en lyre et le dessous du limbe duveteux. La grappe, conique, possède un ou deux ailerons. Ses baies se serrent les unes contre les autres, ce qui facilite l'action de la pourriture noble. Leur fine pellicule jaune doré recouvre une pulpe dense.

Alias...

Les principaux synonymes du chenin sont pineau – ou pinot – de la Loire dans cette région de l'Hexagone, ainsi que steen en Afrique du Sud, important foyer de culture. Dans le Gard, ce cépage est parfois appelé ugne lombarde.

Le bonnezeaux occupe un terroir caillouteux sur schistes réparti sur les trois petits coteaux de La Montagne, Beauregard et Fesles (ci-dessous le village de Thouarcé).

Le cinsaut

Méditerranée ! Le cinsaut est le cépage des régions méridionales, donnant un vin chaleureux. Pourtant, comme le carignan, il a souffert d'une culture intensive en plaine et a perdu un temps la confiance des vignerons.

Le coteaux-varois
Dans les vins rosés, le cinsaut domine l'assemblage. Derrière une robe brillante, pétale de rose, apparaissent des notes fruitées (pêche, framboise, fraise). La bouche offre un enchaînement de sensations vives et douces.

Le vignoble des coteaux-varois.

Reconnaître le cépage
Après un bourgeonnement cotonneux blanc à liseré carminé, la feuille du cinsaut est orbiculaire, vert clair, avec cinq lobes très profonds. La grappe, de grande taille et cylindro-conique, est chargée de grosses baies ellipsoïdes, noir bleuté, emplies d'une chair juteuse quoique assez ferme.

Alias...
Le cinsaut est appelé hermitage en Afrique du Sud et black malvoisie en Californie. En France, il est connu sous les noms de cinsault, cinqsaut ou cinq-saou en Languedoc, de plant d'Arles dans les Bouches-du-Rhône, de bourdalès dans les Pyrénées-Orientales, de picardan noir dans le Var, d'espagnen en Vaucluse ou de salerne à Nice. Œillade est le nom donné au cinsaut vendu pour la table.

Découverte dans le vignoble

Le cinsaut est un cépage de vigueur moyenne, au port étalé. Il débourre tardivement et se montre très délicat, car sensible à de nombreuses maladies et à divers parasites animaux. Son raisin présente l'avantage de pouvoir être vinifié ou consommé frais. Les grappes destinées à la table sont vendues sous le nom d'œillade, principalement sur le marché français, car elles s'exportent peu du fait de leurs baies jugées trop petites par le commerce international.

En France

Depuis les années 1980, les superficies plantées en cinsaut ont sensiblement chuté en France pour atteindre 25 000 hectares en 2006, contre 51 648 hectares en 1979. Le Languedoc a longtemps été le foyer principal du cinsaut. Toutefois, les rendements excessifs imposés à ce cépage en plaine lui ont valu d'être délaissé et remplacé par des variétés jugées plus nobles comme la syrah et le mourvèdre. Il n'en reste pas moins que le cinsaut, planté sur des terres maigres et sèches et conduit en deçà de 45 hectolitres par hectare, donne des résultats fort convaincants dans les AOC minervois ou encore corbières, où il est associé au carignan et au grenache pour produire des vins rouges. Il est aussi l'un des treize cépages de châteauneuf-du-pape. Les vins rosés lui doivent par ailleurs beaucoup, que ce soient les coteaux-du-languedoc-Cabrières, les côtes-du-rhône ou les lirac et tavel, ainsi que les appellations provençales.

Autour du monde

Les plantations de cinsaut en Algérie ont considérablement diminué, et c'est au Maroc que l'on trouvera encore d'importants vignobles de ce cépage (environ 6 200 hectares), suivi de l'Afrique du Sud et, loin derrière, de l'Italie, de la Californie et du Chili. L'Australie ne méconnaît pas ce cépage qu'elle appelle blue imperial ou black prince, mais le cultive peu. Complétée par les vignes de Chypre, de Bulgarie, de Roumanie, de Russie, du Portugal et du Liban, la superficie mondiale du cinsaut approche 43 000 hectares.

Le goût

Les vins à base de cinsaut sont toujours de teinte moyenne. L'usage d'un certain pourcentage de ce cépage dans les assemblages permet d'obtenir des vins plus souples et plus harmonieux, en tempérant les excès alcooliques du grenache et en diminuant l'amertume et la tannicité du carignan, par exemple.

La clairette

Clairette, nom de cépage, nom de vins très divers aussi, tranquilles ou effervescents. Cette variété méridionale, cultivée depuis longtemps dans la région de l'olivier, remonte jusque dans le nord de la Drôme et le sud de l'Ardèche.

Reconnaître le cépage

Après un bourgeonnement cotonneux blanc à liseré carminé, la feuille de la clairette est orbiculaire, d'un vert foncé légèrement bleuté, à dessous cotonneux. Épaisse, tourmentée et bullée, elle présente cinq lobes peu découpés, avec un sinus pétiolaire dont les bords sont superposés. La grappe, cylindro-conique, possède un aileron et ses baies ellipsoïdes, un peu pointues, sont de couleur blanche parsemée de points bruns ; leur chair est ferme et juteuse.

Découverte dans le vignoble

Plant vigoureux, la clairette s'accommode bien des terres maigres où elle débourre tardivement. Elle est généralement taillée court, car ses rameaux sont sensibles au vent.

En France

La culture de la clairette est en régression (1 900 hectares en 2006 contre 14 128 hectares en 1958) en raison de la mévente de ses vins blancs qui ont tendance à madériser rapidement. Ces produits étaient autrefois recherchés comme vins d'apéritif ou d'accompagnement du gibier, ainsi que par les vermouthiers pour la préparation d'apéritif à base de vin. Aujourd'hui vinifiée seule, la clairette produit deux appellations d'origine : la clairette-de-bellegarde dans le Gard et la clairette-du-languedoc dans la vallée de l'Hérault. Dans cette dernière appellation, il est possible de produire des vins secs, des vins de liqueur et des vins rancios élaborés à partir de raisins récoltés à surmaturité et élevés trois ans en fût. Dans la Drôme, vinifiée seule, la clairette entre dans l'élaboration du crémant-de-die. En revanche, la clairette-de-die, vin mousseux, ne comprend qu'une faible part de clairette, la majeure partie de l'assemblage étant constituée par le muscat à petits grains. Mêlée à d'autres cépages blancs, la clairette entre dans de nombreux vins d'appellation : châteauneuf-du-pape, côtes-du-rhône, cassis, bandol, côtes-de-provence, coteaux-d'aix-en-provence, palette, côtes-du-ventoux.

Autour du monde

Hors de l'Hexagone, la clairette est peu cultivée, si ce n'est en Afrique du Sud (plus de 1 600 hectares) où elle permet l'élaboration des vins effervescents dénommés Vonkelwyn. On la trouve néanmoins en Italie où elle fait partie de l'encépagement du Nuragus di Cagliari en Sardaigne, au Maroc, en Roumanie pour la distillation, en Australie sous le nom de blanquette dans la Hunter Valley, en Uruguay, en Israël et en Algérie. En Inde, ce cépage est cultivé en pergola dans l'État de Karnataka : elle produit en abondance un vin légèrement aromatique, très agréable. La superficie mondiale de clairette atteint ainsi 3 600 hectares.

Alias...

Dans le bassin inférieur du Rhône, les noms clairette blanche, petite clairette ou clairette pounchudo (clairette pointue en raison de la forme des baies) ont été donnés à ce cépage, tandis que dans le Var, à Bandol, celui de clairette verte est le plus fréquent.

Le goût

Jaune clair à reflets verts, les vins secs de clairette, tels ceux de Bellegarde produits dans la partie sud-est des Costières de Nîmes, ou ceux du Languedoc possèdent un nez de type fleurs blanches. Des notes de pamplemousse et de pomme accompagnent parfois cette ligne aromatique. La bouche présente peu d'acidité, mais une légère amertume rafraîchissante est perceptible en finale.

Le colombard

Indissociable du cognac et de l'armagnac, le colombard a cependant perdu de son charme auprès des producteurs qui lui préfèrent aujourd'hui l'ugni blanc et la folle blanche.
Ce cépage charentais avait pourtant réussi à conquérir le monde : il se multiplia vingt ans durant en Californie au point d'être le challenger du chardonnay dans cet État.

Reconnaître le cépage
Après un bourgeonnement cotonneux blanc à liseré carminé, la feuille du colombard est orbiculaire, épaisse, et ses bords se recourbent vers le haut. Elle présente un aspect duveteux. La grappe, cylindrique et ailée, est garnie de baies ovoïdes, blanc doré, à la pulpe juteuse.

Découverte dans le vignoble

Moyennement vigoureux, le colombard ne présentait pas que des avantages lorsque les vignerons furent pris d'enthousiasme pour ce cépage. Sensible à l'oïdium et à la pourriture grise, il donne bien de la peine aux hommes lorsqu'il faut tailler son bois dur en plein hiver. Mais voilà, le colombard est un plant fertile, produisant aisément plus de 100 hectolitres à l'hectare. Une faculté qui joua un temps en sa faveur.

Alias...
Le colombard a gagné la Californie et le Texas sous le nom de French colombard.

En France

Le colombard était originellement cultivé en Charentes, dans les Borderies, un terroir argilo-crayeux situé au nord-ouest de Cognac, réputé pour le caractère aromatique, « noiseté », et puissant de ses eaux-de-vie. Tout naturellement, il entre dans l'élaboration du pineau des Charentes, aux côtés de l'ugni blanc, du montils et du sémillon ; ce vin de liqueur est un mélange de moûts de raisins charentais partiellement fermentés avec du cognac.
Il s'est ensuite répandu dans le Sud-Ouest pour la production d'armagnac et s'est inscrit comme cépage d'appoint dans les appellations de vins blancs bordeaux, côtes-de-blaye, côtes-de-bourg, entre-deux-mers et sainte-foy-bordeaux.
Sa culture est en régression dans l'Hexagone (6 760 hectares en 2006 contre 13 105 hectares en 1958) en raison de l'arrachage de nombreuses vignes blanches en Gironde dont les vins ne trouvaient pas preneurs sur les marchés. Son emploi reste d'ailleurs limité dans les appellations d'origine bordelaises, ainsi que dans les Charentes. Seul l'Armagnac a vu ses plantations augmenter.

Autour du monde

Malgré un certain recul, le colombard couvre encore près de 45 000 hectares dans le monde. Comme la France, la Californie a procédé à des arrachages mais elle ne conserve pas moins de 23 790 hectares pour l'élaboration des vins ordinaires ou d'eaux-de-vie, et le Texas maintient sa culture à un bon niveau.
En Afrique du Sud, le vignoble de colombard a en revanche progressé ces dernières décennies.
On retrouve également ce cépage en Australie, au Mexique et en Israël.

Le goût

Le vin de colombard est réputé meilleur que celui de folle blanche, mais lorsque les rendements dépassent 120 hectolitres à l'hectare, la qualité baisse sensiblement : les vins sont acides, peu alcooliques, verts et grossiers. Au XVIIe siècle, les Hollandais, qui avaient succédé aux Anglais auprès du négoce bordelais, appréciaient les vins de colombard, bon marché, qu'ils destinaient à la préparation d'« eau ardente », une eau-de-vie distribuée à leurs équipages et qu'ils exportaient dans toute l'Europe du Nord. Cultivé dans de bonnes conditions, le colombard est capable d'offrir des vins de base de qualité, propices à l'expression d'un caractère fruité dans l'armagnac par exemple, mais aussi des vins de pays très aromatiques dans leur jeunesse.

Le vignoble des Charentes, berceau du colombard.

Le gamay

Gamay et Beaujolais forment un couple célèbre dans la viticulture française : près de 60 % du gamay produit en France provient de ce vignoble. L'histoire avait pourtant mal commencé pour ce cépage banni en 1395 de la Côte d'Or par Philippe le Hardi qui le qualifiait de « très déloyault plant ». Il fallait certes trouver le terroir le plus favorable à l'expression du gamay.

Découverte dans le vignoble

Le gamay débourre assez tôt ; il est donc sensible aux gelées printanières. Mais sa maturité précoce explique bien sa grande diffusion dans les vignobles septentrionaux ou dans les vignobles de montagne. De vigueur moyenne, ce cépage est taillé court pour produire de 60 hectolitres par hectare en coteau à plus de 200 hectolitres en plaine. Ces rendements pléthoriques obtenus sur des terrains fertiles et source de vins de piètre qualité ont largement entamé sa réputation au cours de l'histoire, notamment lorsqu'il vint remplacer les ceps de pinot noir en Île-de-France après le terrible hiver 1709.

En France

Fort de 35 300 hectares environ dans l'Hexagone, le gamay couvre 99 % du vignoble beaujolais. Rien d'étonnant dans ces conditions qu'il soit surnommé « gamay beaujolais ». Vinifié seul, il produit les beaujolais, beaujolais-villages et les dix crus de la région : saint-amour, juliénas, chénas, moulin-à-vent, fleurie, chiroubles, morgon, régnié, côtes-de-brouilly et brouilly. Situés dans la partie nord du Beaujolais, les crus et les beaujolais-villages bénéficient de sols pauvres et acides de granite ou d'arènes granitiques qui favorisent l'expression de leurs vins, tandis que le sud du Beaujolais, à dominante argilo-calcaire, produit des vins plus simples d'appellation beaujolais.

En Bourgogne, le gamay est cantonné aux appellations bourgogne grand ordinaire et, en assemblage avec le pinot noir, bourgogne-passe-tout-grain. Les meilleurs bourgogne grand ordinaire de gamay proviennent de l'Yonne, tandis que la Saône-et-Loire produit les deux tiers de bourgogne-passe-tout-grain. Dans le reste de la France, le gamay s'est éparpillé pour donner des vins vendus en primeur ; c'est le cas de certains touraine dans la vallée de la Loire, mais aussi de certains gaillac dans le Sud-Ouest. On le retrouve également dans des vins rouges friands et fruités, vins de pays comme ceux du Jardin de la France ou vins d'appellation tels les coteaux-du-vendômois ou encore les crus auvergnats côte-roannaise dont la qualité rejoint désormais celle des beaujolais, côtes-d'auvergne, saint-pourçain et côtes-du-

Le Beaujolais, s'identifie au cépage gamay : le nord est le domaine des crus ; le sud celui du beaujolais.

forez. Dans l'Aveyron, associé aux cabernets franc et sauvignon, à la syrah et au tannat, le gamay participe à l'élaboration de vins typés et robustes, au fruité marqué (cassis et framboise). Ce sont les vins d'estaing, d'entraygues et du fel, les côtes-de-millau entre autres. Enfin, le gamay est à l'origine de vins rosés dans des appellations aussi diverses que les rosés de Loire, la côte-roannaise et le gris de Toul de la Moselle.

Autour du monde

En Europe, le gamay est répandu en Suisse, principalement dans le canton du Valais où il est associé au pinot pour produire un vin de réputation régionale, la dôle. Dans le canton de Genève, il remplace les hybrides locaux, tandis que dans le canton de Vaud il produit généralement un vin de qualité. On le retrouve en Italie dans les provinces du Val-d'Aoste et de Pérouse, ainsi qu'en Toscane, en Espagne en Aragon et au Portugal dans le Trás-os-Montes. Quelques plantations existent en Bulgarie, en Hongrie, en Russie, en Yougoslavie, en Slovénie, en Roumanie et au Luxembourg.
En Amérique, le Canada possède une cinquantaine d'hectares de gamay, tandis que les États-Unis ont longtemps confondu ce cépage avec le valdiguié, un plant sans grand intérêt surnommé Napa gamay par les Américains. Enfin, quelques vignes de gamay ont été implantées en Afrique du Sud, en Australie, en Nouvelle-Zélande ou en Israël, ce qui porte la superficie mondiale de ce cépage à 40 000 hectares environ.

Chiroubles, ci-contre, au cœur d'un cirque de granite, signe en dépit de ses coteaux élevés le cru le plus précoce du Beaujolais. Ci-dessus : Les vignes du saint-amour.

À droite : Le cru morgon produit des vins robustes et généreux, aptes à une garde de trois à dix ans.

Le côte-roannaise : une valeur à la hausse

À une cinquantaine de kilomètres à l'est du Beaujolais, les vignerons roannais cultivent le gamay sur les croupes granitiques qui s'appuient sur un chaînon du Massif central, les monts de la Madeleine. Les vins, rouge cerise à reflets violacés, expriment librement cerise, framboise, cassis, mûre sauvage et fraise des bois. Selon la durée de cuvaison (la macération est semi-carbonique comme en Beaujolais) et l'âge des vignes, naissent des vins légers ou bien corsés et rustiques, à boire dès l'hiver qui suit la récolte ou après trois ans de garde. Des vins rosés, frais, aux parfums d'agrumes, de banane, de pomme et de poire sont également produits.

Reconnaître le cépage

Après un bourgeonnement duveteux blanc, la feuille du gamay est orbiculaire, mince et lisse, pratiquement glabre avec le sinus pétiolaire en V. À peine distingue-t-on trois lobes étroitement dentelés. La grappe, cylindrique, est très compacte, avec parfois un petit aileron. Elle est chargée de baies d'un beau noir violet recouvertes d'une épaisse pruine bleu blanchâtre. Le jus est abondant, de saveur simple.

Alias...

Le gamay a longtemps été appelé gamay noir à jus blanc pour le distinguer de nombreux cépages teinturiers homonymes autrefois très répandus. Il a en outre reçu des noms locaux traduisant son implantation dans des vignobles divers : gamay du Beaujolais, d'Auvergne, de Gien, de Toul, etc., bourguignon noir, grosse dôle ou gamay de la Dôle dans le Valais, Burgundi kék en Hongrie.

Le goût

Le vin de gamay possède en général une belle couleur rouge nuancée de violet. Il est pauvre en tanins mais dévoile une bonne acidité. Le caractère friand du beaujolais en a fait un vin populaire, bu au comptoir des célèbres bouchons lyonnais et sur les tables des « Mères ». Servi dans le traditionnel « pot du Beaujolais », bouteille à fond épais de 46 centilitres, ce vin accompagne les spécialités charcutières de la région. Sa réputation s'est élargie aux régions voisines dès le XVIIIe siècle grâce à l'ouverture du canal de Briare qui lui permit de gagner la capitale et plus encore avec la construction des chemins de fer. Mais le véritable essor débuta dans les années 1950 lorsque fut lancé le beaujolais nouveau, attendu dans le monde entier le troisième jeudi de novembre, quelques semaines seulement après les vendanges. Le secret du beaujolais réside dans la vinification de ce cépage aromatique et fruité : la macération semi-carbonique qui consiste à laisser macérer le raisin entier dans une cuve pendant trois à sept jours. On lui reconnaît un goût de fraise, de framboise, accompagné d'une note acidulée typique du vin de primeur.

Le gamay beaujolais ne se résume pourtant pas à ces vins de carafe. Il donne aussi des crus de caractère, aptes à une garde qui peut dépasser cinq ans. Rouge rubis soutenu à reflets violines, les vins ajoutent à leur nez fruité des notes florales et leur bouche charnue se structure autour de tanins ronds.

Cette plus grande complexité est le résultat d'une cuvaison longue, mais aussi du terroir granitique plus favorable à l'expression du cépage que les calcaires du sud du Beaujolais.

Le gewürztraminer

Quel autre cépage caractérise mieux l'Alsace après le riesling ? Avec ses jolies grappes devenues roses à maturité, le gewürztraminer est une variété aromatique du savagnin blanc. Ce dernier, aujourd'hui cultivé dans le Jura pour la production de vins jaunes par exemple, est à la tête d'une large famille, dans laquelle on retrouve deux formes roses. L'une, originaire du Tyrol italien et appelée traminer ou klevener de Heiligenstein, est attestée en Alsace depuis le XVIe siècle ; elle n'est pas aromatique. L'autre s'est développée dans le vignoble alsacien après 1870, grâce à l'introduction de plants du Palatinat ; c'est la forme aromatique du traminer, d'où son nom de gewürztraminer, c'est-à-dire de « traminer épicé ».

Scène de vendanges à Riquewihr. En haut, le grand cru Sporen.

Découverte dans le vignoble

Le gewürztraminer est un cépage vigoureux et assez précoce, sensible aux gelées et à diverses maladies. En France, ses rendements ne dépassent guère 50 hectolitres à l'hectare, tandis qu'en Allemagne les vignerons ont sélectionné des clones plus productifs dans le pays de Bade, mais sans doute de moindre qualité.

En France

En progression, la culture de gewürztraminer s'élève à 2 900 hectares : elle se concentre en Alsace et, dans une moindre mesure, en Moselle. Fait rare en France pour des vins d'appellation, l'étiquette des vins alsaciens fait mention du cépage vinifié. Le gewürztraminer est ainsi bien connu des consommateurs. Il est souvent à l'origine de vins secs. Cependant, ses raisins récoltés à surmaturité ou atteints de pourriture noble permettent d'élaborer des vins liquoreux très typés et de longue garde. Les vins issus de vendanges tardives titrent au minimum 14,3 % vol., tandis que ceux issus de sélection de grains nobles (c'est-à-dire de raisins botrytisés) affichent

16,4 % vol. Le gewürztraminer est avec le riesling, le muscat et le pinot gris l'un des quatre cépages à pouvoir être cultivés dans les cinquante grands crus alsaciens. Si aucun des grands crus n'est encore spécialisé dans un cépage particulier, il n'en reste pas moins que certains d'entre eux profitent davantage à l'une ou l'autre variété. Il en est ainsi pour le gewürztraminer des terroirs marno-calcaires profonds. Sur la route des grands crus, ce cépage règne en maître dans les vignobles d'Engelberg, Altenberg de Bergheim, Osterberg, Froehn, Sporen, Marckrain, Mambourg, Furstentum, Florimont, Goldert, Zinnkoepflé, Spiegel ou encore Kessler.

Autour du monde

La superficie mondiale de gewürztraminer s'élève à quelque 8 000 hectares dans le monde. Pourtant, force est de constater que nulle part ailleurs ce cépage n'atteint une qualité aussi élevée qu'en Alsace. Juste devant l'Allemagne qui ne lui consacre que 1 % de son vignoble dans le Palatinat, le pays de Bade, la Hesse rhénane et la Saxe, les États-Unis cultivent un petit millier d'hectares entre les États de Californie, de l'Oregon, de Washington et de New York. Suivent des pays comme l'Autriche, notamment la Styrie, l'Italie dans plusieurs de ses provinces du Nord, l'Espagne dans le Penedès. En Europe de l'Est, le gewürztraminer est également connu pour ses vins secs ou doux, la Hongrie obtenant de bons résultats autour du lac Balaton ; il apporte en Ukraine un caractère aromatique aux vins effervescents. La Suisse et le Luxembourg le cultivent également à petite échelle. Dans le Nouveau Monde, des plantations ont en outre été réalisées au Canada, en Argentine, au Brésil, en Afrique du Sud, en Australie et en Nouvelle-Zélande.

Le goût

Le gewürztraminer se distingue par une inimitable palette aromatique, exubérante et épicée : un mélange de pain d'épice et de notes de peau d'agrume, d'arômes muscatés comme la rose et de fruits exotiques comme le litchi. La robe d'un alsace gewürztraminer est aussi reconnaissable entre toutes : la pigmentation du raisin à maturité et la pratique d'une macération des baies avec leur jus se traduisent par une teinte dorée aux nuances pêche. La bouche, puissante et ample, reprend la gamme du nez en y ajoutant souvent la réglisse et le fumé. Lorsque le cépage a été récolté tardivement, il donne naissance à un vin de vendanges tardives ou de sélection de grains nobles, opulent et extravagant par ses arômes. Les notes de miel et d'abricot sec sont particulièrement perceptibles lorsque le *Botrytis cinerea* a fait son œuvre.

Reconnaître le cépage

Après un bourgeonnement cotonneux blanc à liseré carminé, la feuille du gewürztraminer est grande, orbiculaire et gaufrée. Elle se découpe en cinq lobes dont les bords se recourbent. Le sinus pétiolaire est totalement fermé. La grappe, petite et tronconique, apparaît plutôt lâche avec ses baies ovoïdes, rose à rouge clair qui libèrent un jus légèrement musqué.

Alias...

Le gewürztraminer est appelé roter traminer en Allemagne, traminer aromatico en Italie, tramini piros en Hongrie, mala dinka en Bulgarie. Autrefois, on le surnommait savagnin rose aromatique et gentil rose aromatique en Alsace.

Page de gauche : L'Alsace se distingue des autres régions viticoles françaises par la conduite de la vigne en hautains, qui favorise l'ensoleillement du raisin.

Le vignoble de Riquewihr aux couleurs de l'hiver.

Le grenache

L'Espagne et la France : le grenache a trouvé ses terres de prédilection de part et d'autre des Pyrénées. Originaire d'Espagne et probablement d'Aragon, dont le royaume s'étendit, du XIIe au XIVe siècle, du Roussillon jusqu'en Sardaigne, il est l'un des grands cépages de qualité de la Méditerranée.

Découverte dans le vignoble

Le grenache débourre assez tôt et sa floraison intervient au cours de la première semaine de juin en France. Généralement taillé court, il présente un port dressé, ses rameaux vigoureux lui permettant de bien résister à la sécheresse et aux vents violents. Ce cépage n'en est pas moins délicat par sa sensibilité aux maladies ; ses rendements varient donc sensiblement, depuis 20 hectolitres par hectare sur les coteaux maigres ou dans les années de coulure jusqu'à 60-80 hectolitres dans les terres fertiles et parfois davantage en vigne haute.

En France

Le grenache fait partie de la plupart des appellations d'origine méditerranéennes : châteauneuf-du-pape, côtes-du-rhône, côtes-de-provence, coteaux-du-languedoc, etc. Ses superficies ont augmenté régulièrement pour atteindre aujourd'hui 99 100 hectares (contre 78 000 hectares en 1979) répartis entre la vallée du Rhône, la Provence et le Languedoc-Roussillon. Pour la production de vins secs rouges ou rosés, il est souvent associé à la syrah et au mourvèdre, ainsi qu'au carignan. Les meilleurs vins sont obtenus dans les sols maigres, caillouteux et chauds comme ceux des AOC gigondas, vacqueyras, tavel ; ils sont alors très alcooliques, dépassant 14 % vol.

Mais le grenache, c'est aussi de grands vins doux naturels ; ce cépage est alors majoritaire dans la cuve ou parfois même l'unique artisan de ces nectars. En Roussillon et dans une infime partie des Corbières, il produit le rivesaltes rouge. À proximité de la frontière espagnole et de la Méditerranée, ses vieux ceps s'accrochent aux terrasses schisteuses pour produire un vin de légende, le banyuls. Dans un autre décor, les coteaux schisteux escarpés du nord de l'Agly, le grenache donne naissance au maury.

Bonbonnes de maury.

Sur le piémont du célèbre massif des Dentelles de Montmirail, le vignoble de gigondas.

Autour du monde

L'Espagne cultive plus de 104 400 hectares de grenache dans plusieurs régions, depuis la Catalogne jusqu'à l'Aragon et du Pays basque à l'Estrémadure. Ce cépage est notamment à l'origine du rioja et du navarra. Si La Rioja est avant tout le domaine du tempranillo, le grenache domine l'encépagement dans l'aire de La Rioja baja, où le climat est déjà marqué par l'influence méditerranénne et les températures plus élevées que dans les deux autres aires que sont La Rioja alavesa et La Rioja alta. Ici, le grenache produit des vins corsés et gras, qui peuvent aisément titrer 15 % vol. En Navarre, sur les rives nord de la moyenne vallée de l'Èbre et de ses affluents, le grenache constitue 70 % de l'encépagement. Il est complété par un peu de tempranillo et de cabernet-sauvignon. En Italie, le grenache est implanté en Sardaigne sous le nom de cannonau, en Sicile et en Calabre. On le trouve aussi en Grèce, au Portugal dans le Ribatejo, l'Oeste, l'Alentejo et sur l'île de Madère.

VIN DOUX NATUREL : vin d'une grande richesse, obtenu par ajout d'alcool neutre sur le raisin en cours de fermentation afin d'arrêter le processus fermentaire et de conserver une certaine quantité de sucre.

Le vignoble de La Rioja s'inscrit dans le bassin de l'Èbre. Le grenache trouve une place prépondérante dans La Rioja baja.

Page de droite : Les vignerons de Banyuls ont dû apprivoiser la nature et renoncer à la mécanisation : des murets de pierre sèche ont été construits pour retenir les sols très caillouteux et pentus.

Des plantations non négligeables existent enfin au Maroc, en Tunisie, en Argentine, en Californie, au Mexique et en Australie. On peut ainsi évaluer à 245 000 hectares la superficie de grenache dans le monde.

Le goût

Lorsque le raisin a été récolté sur des terroirs caillouteux et secs, les vins rouges secs à base de grenache affichent une belle couleur rouge mordoré. Puissants et généreux, ils expriment des notes de fruits rouges et d'épices. Les tanins du grenache sont ronds et fondus. Les vins doux naturels sont habillés d'une robe grenat ou rouge tuilé qui passe à l'acajou après quelques dizaines d'années de garde. Ils sont empreints d'arômes de cerise, cassis, mûre et kirsch lorsqu'ils sont élevés à l'abri de l'air (*vintage*) ou gagnent des nuances épicées et empyreumatiques après une oxydation ménagée : café, cacao, figue sèche, tabac.

Le banyuls

Le banyuls se décline au pluriel selon l'élevage qu'il a connu. Seul le banyuls rimage ne connaît pas d'élevage en milieu oxydatif ; mis en bouteille précocement, il est aussi le seul à être millésimé. Pour les banyuls et banyuls grand cru, les vins sont élevés dans des foudres ou des bonbonnes exposées au soleil sur les toits des caves : ils prennent ainsi l'original goût de rancio avant d'être assemblés puis remis au repos.
Le banyuls patiente en cave un an durant, le banyuls grand cru trente mois, avant d'être commercialisés.

Reconnaître le cépage

Après un bourgennement duveteux blanc, à peine carminé, la feuille du grenache est cunéiforme, unie et d'un vert clair très brillant. Épaisse, glabre et tourmentée, elle présente cinq lobes moyennement marqués. Le sinus pétiolaire est en lyre. La grappe est assez grande, tronconique et ailée. Ses baies noires se réunissent de manière compacte. Sous leur pellicule épaisse, elles renferment une pulpe fondante et un jus assez abondant.

Alias...

Le grenache est dénommé garnacha en espagnol, mais on trouve aussi dans ce pays divers noms tels que aragonés dans la région de Madrid ou lladoner en Catalogne. Cannonau est la dénomination la plus répandue en Sardaigne pour ce cépage. En France, les synonymes les plus fréquents sont ceux de grenache noir, alicante, roussillon, rivesaltes, ainsi que ceux de tinto en Vaucluse et de sans-pareil dans les Alpes-de-Haute-Provence.

Le malbec

Un cépage noir caractéristique du Sud-Ouest, à l'origine de vins fortement colorés, charpentés et intensément aromatiques. Le malbec a su s'adapter à des terroirs lointains, bien différents de ceux du Quercy. Il est ainsi devenu le principal cépage rouge de l'Argentine et a élargi encore sa réputation auprès des consommateurs du monde.

Reconnaître le cépage

Après un bourgeonnement cotonneux blanc à liseré légèrement carminé apparaissent des feuilles duveteuses, orbiculaires et tourmentées. Le sinus pétiolaire est en U ou en V ouvert, les dents anguleuses étroites et le dessous du limbe aranéeux. Le feuillage rougit partiellement à l'automne. La grappe, moyenne et assez lâche, porte souvent deux ailerons constitués de petites baies noires et rondes, peu juteuses.

Alias

Le malbec serait originaire du Quercy et de Cahors, dans le Sud-Ouest, où il est appelé auxerrois ou cot (côt). Il possède une abondante synonymie. En Gironde, où il a manifestement été introduit, il a d'abord été appelé étranger avant de porter les noms de ses propagateurs : M. de Lutkens, médecin à Bordeaux au XVIIIe siècle, Malbeck, puis Pressac, qui l'introduisit à Saint-Émilion. En Argentine, l'orthographe privilégiée est « malbeck ».

Le cahors

Le vignoble de Cahors, dont l'origine remonterait à l'époque gallo-romaine, a bien failli disparaître après la crise phylloxérique et le terrible gel de 1956. Heureusement, des producteurs passionnés ont su le faire renaître et porter au meilleur niveau de qualité ce vin noir, apprécié des Anglais depuis le Moyen Âge (*the black wine*), qui repose à 70 % sur le malbec. Le cahors, noir d'encre, développe des arômes intenses de fruits rouges et noirs, soulignés de poivre, de cannelle et de cacao. Puissant, il s'appuie sur de solides tanins et emplit le palais de sa matière persistante.

Découverte dans le vignoble

Ce cépage est sensible aux gelées hivernales et printanières. Parce qu'il débourre précocement, il est sujet à la coulure dans les régions fraîches, ce qui réduit ses rendements. S'il craint le mildiou, l'excoriose et la pourriture grise, il se montre assez résistant à l'oïdium. Ses rendements varient de 80 à 100 hl.

En France

Le malbec est cultivé dans tout le Sud-Ouest. Après une période de recul, les plantations ont repris grâce au succès remporté par les vins de Cahors. Ce cépage contribue aussi aux bergerac, pécharmant, côtes-de-duras, buzet et côtes-du-frontonnais. Dans le Bordelais, il fait partie de l'encépagement des appellations d'origine bordeaux, médoc, graves, saint-émilion, pomerol, fronsac, sainte-foy-bordeaux et côtes-de-bourg. Sous le nom de cot, ce cépage a gagné la Loire et participe aux touraine rouges et rosés, ainsi qu'aux rosés-d'anjou. Ses principaux alliés sont alors le gamay et le cabernet franc. Il est également faiblement cultivé en Languedoc (324 ha).

Autour du monde

Le malbec donne naissance aux meilleurs vins rouges d'Argentine (33 237 ha). Il a trouvé sur les contreforts des Andes des terroirs propices à une expression complexe, notamment dans la région de Mendoza (qui représente 70 % de la production vinicole du pays). Les vins de Luján de Cuyo, première appellation d'origine d'Argentine, sont particulièrement réputés.
Le malbec est cultivé en moindres proportions au Chili (un millier d'hectares) et plus discrètement encore en Italie, en Espagne, en Californie, en Australie et en Nouvelle-Zélande. Sa superficie mondiale est d'environ 41 000 ha.

Le goût

Le malbec donne naissance à des vins très colorés et charpentés car son raisin contient une forte proportion de pigments colorants (les anthocyanes) et de tanins.

La marsanne

Inséparable de la roussanne, la marsanne est le grand cépage blanc de la vallée du Rhône. Sa culture est en progression constante grâce aux nouvelles plantations réalisées dans le Midi depuis la fin des années quatre-vingt-dix.

Découverte dans le vignoble

La marsanne est un cépage vigoureux, au débourrement assez tardif. Généralement taillée court, elle se montre beaucoup plus souple que son alliée la roussanne, car si elle est sensible à la pourriture grise, à l'oïdium et à la sécheresse des vents, elle résiste mieux et produit plus régulièrement que cette dernière (de 50 à 60 hectolitres à l'hectare). Cette facilité culturale explique le développement de ce cépage, souvent aux dépens de la roussanne.

En France

La marsanne est recommandée dans les départements bordant le Rhône, au sud de Lyon et jusqu'en Languedoc et en Provence, couvrant ainsi plus de 1 300 hectares dans l'Hexagone. Le principal foyer de ce cépage est bien la vallée du Rhône septentrionale, et plus particulièrement les terroirs de l'hermitage, de crozes-hermitage, de saint-joseph et de saint-péray où elle est longtemps restée confinée. En hermitage et crozes-hermitage, accrochée à d'impressionnantes terrasses d'arènes granitiques exposées au sud sur la rive gauche du Rhône, la marsanne représente le principal cépage blanc, bien avant la roussanne qui ne constitue qu'un pourcentage minime dans l'assemblage. Alors que la syrah occupe largement la colline de la chapelle de Saint-Christophe, la marsanne se concentre dans les terroirs du Méal et de Rocoules. En outre, selon la réglementation des appellations saint-joseph, hermitage et crozes-hermitage, il est possible d'inclure dans la cuve des vins rouges une petite quantité de marsanne et de roussanne (de 10 à 15 %), mais cette pratique est peu utilisée aujourd'hui.
En descendant vers le sud, la marsanne se fait plus rare. Tout juste la retrouve-t-on dans les coteaux-du-tricastin et en vacqueyras. Elle réapparaît en Provence dans la seule appellation cassis, et surtout en Languedoc-Roussillon où elle est désormais acceptée en complément des cépages blancs traditionnels de la région.

Autour du monde

La marsanne est un peu cultivée en Suisse dans le canton du Valais, parfois sous le nom d'ermitage. Elle peut être récoltée tardivement, vers la mi-décembre, et vinifiée seule ou en assemblage avec le pinot gris pour produire un vin liquoreux. En Italie, elle est autorisée pour la province de Piacenza. On la retrouve en Californie ainsi qu'en Australie où la plus grande partie des plantations se situent dans la Goulburn Valley, au nord-est de l'État de Victoria, puis en Nouvelle-Galles du Sud. La marsanne couvre ainsi quelque 2 100 hectares dans le monde.

Le goût

Le vin de marsanne est plus léger, moins bouqueté et moins fin que celui de la roussanne. Peu acide, il vieillit en outre plus rapidement. Il est parfois élevé en barrique de chêne, en France comme en Australie. En Languedoc-Roussillon, son potentiel aromatique est supérieur à celui du grenache blanc ou du macabeu, mais trop faible pour typer les assemblages. La marsanne est à l'origine d'une production très originale et confidentielle en hermitage : le vin de paille. Le raisin passerille au moins quarante-cinq jours sur de la paille pour donner un vin cuivré, riche, aux notes de fruits confits.
À saint-péray, la marsanne produit des vins tranquilles et effervescents. Ce sont des vins de couleur pâle à reflets verts, dont le nez évoque l'aubépine, la violette et l'acacia jusqu'à des notes miellées et minérales au vieillissement. En bouche, le saint-péray mousseux se distingue des autres effervescents par une certaine vinosité.

Entre condrieu au nord et cornas au sud, l'appellation saint-joseph produit environ 10 % de vins blancs pleins et ronds.

Le saint-joseph
Habillé d'une robe claire à reflets verts dans sa jeunesse, le saint-joseph acquiert une teinte or plus soutenue après quelques années de garde. Son nez évoque l'aubépine, le fruit et le miel. Ce vin révèle en bouche une belle rondeur.

Reconnaître le cépage
Après un bourgeonnement cotonneux blanc à liseré carminé, la feuille de la marsanne est grande, épaisse et très grossièrement bullée ; ses cinq lobes profondément découpés se recouvrent souvent, ainsi que le sinus pétiolaire. La grappe, tronconique et ailée, est peu compacte avec ses baies sphériques, blanc doré et juteuses.

Alias...
La marsanne est appelée ermitage en Suisse, dans le canton du Valais, white hermitage en Australie et parfois rousseau en Californie. À Saint-Péray, elle peut recevoir le nom de roussette de Saint-Péray et en Savoie celui de grosse roussette ou de marsanne blanche.

Page de gauche : Les murets ou "cheys" créent le paysage viticole caractéristique de saint-joseph.

En saint-joseph comme en hermitage (à droite), la marsanne est implantée sur des sols granitiques.

Le mauzac

Le mauzac est originaire du Sud-Ouest de la France, probablement de la région de Gaillac qui constitue depuis longtemps son principal centre de culture. Les vins du vignoble gaillacois s'expédiaient autrefois par le Tarn, puis par la Garonne. Aussi peut-on penser que les noms de moissac, moysac ou mozac rappellent le nom de la ville de Moissac, important centre de communication. Il existe par ailleurs deux communes – Mauzac en Haute-Garonne et Meauzac dans le Tarn-et-Garonne – qui sont peut-être les lieux d'origine ou de dispersion de ce plant.

Au cœur du pays albigeois, le vignoble de Gaillac doit son originalité à des cépages locaux, d'une part, parmi lesquels le mauzac ; à la diversité de sa production d'autre part : vins rouges, vins blancs secs, doux ou effervescents.

Découverte dans le vignoble

Le mauzac présente une vigueur moyenne et débourre tardivement. Conduit en gobelet, il peut produire de 25 à 40 hectolitres à l'hectare en coteaux et jusqu'à plus de 100 hectolitres en plaine. S'il est peu attaqué par le mildiou et l'oïdium, il craint en revanche la pourriture grise, l'excoriose, les vers de la grappe et les acariens.

En France

La culture du mauzac en France a connu une nette régression dans les trente dernières années, passant de 8 512 hectares en 1958 à 2 600 hectares aujourd'hui. Ses principaux foyers sont le Tarn et l'Aude. Dans le premier département, où beaucoup de pieds ont été arrachés, le mauzac est à l'origine du gaillac sec, doux, perlé ou mousseux ; dans le second, où l'on assiste au contraire à une progression des plantations, il produit les appellations du Limouxin : blanquette-de-limoux, limoux, crémant-de-limoux. Il constitue 90 % de l'assemblage de la blanquette, complété par le chenin et le chardonnay. Selon la tradition limouxine, on plantait ce cépage, surnommé blanquette en raison du duvet blanchâtre qui recouvre le dessous des feuilles, dans le haut des coteaux ; ces sols maigres reçurent ainsi le nom de blanquetières. Vers 1530, les moines de l'abbaye de Saint-Hilaire récoltaient le mauzac de la fin octobre au début novembre afin que les raisins soient bien sucrés et fermentent lentement pendant les nuits fraîches, ce qui facilitait l'arrêt des fermentations. Ils mettaient en bouteilles ces vins mi-fermentés après filtration. Au printemps suivant, la hausse du mercure faisait repartir en fermentation la majorité des bouteilles ; les vins gardaient ainsi une grande part de sucre et un dépôt de levures. La blanquette méthode ancestrale, production confidentielle aujourd'hui, est l'héritière de ces pratiques anciennes, tandis que la blanquette-de-limoux est un vin effervescent de méthode traditionnelle (comme le champagne) qui peut être brut, demi-sec ou doux. Désormais, le mauzac est plutôt établi dans les bonnes terres et ses rendements ont augmenté (50 hectolitres à l'hectare). Les raisins sont récoltés de bonne heure, à la fin septembre, pour obtenir des moûts plus acides, tenant mieux la mousse. À Gaillac, le mauzac côtoie les cépages blancs locaux len de l'el, ondenc et muscadelle. Il occupe principalement les premières côtes de la rive droite du Tarn et présente ici des variations dans la coloration des baies : le mauzac roux, dont les grappes assez lâches portent des grains dorés presque roux, est le type le plus estimé dans le Gaillacois. Les vins effervescents peuvent là encore être obtenus par la méthode artisanale à partir du sucre naturel du raisin ou par la méthode traditionnelle.

Autour du monde

Le mauzac n'a pas été diffusé dans les vignobles étrangers, en dehors de quelques essais en Australie.

Le goût

Le mauzac est un cépage aromatique ; il se distingue dans les vins par une senteur de pomme originale. Élément de base de la blanquette-de-limoux, il marie ses arômes caractéristiques à ceux du chenin et du chardonnay : acacia, aubépine, puis fruits mûrs et accents miellés lorsque le vin s'est bonifié dans le temps. Le limoux, vin tranquille, est en revanche davantage marqué par le chardonnay auquel il doit sa chair et sa charpente.

Le gaillac

Doux, secs, perlés ou mousseux, les gaillac blancs sont des vins tout d'or vêtu et délicatement bouquetés. Leur palette est empreinte d'arômes de pomme cuite, de pêche blanche ou de poire, d'épices et de miel. Les vins secs jouent sur la fraîcheur, les moelleux sur la richesse et les mousseux sur une charpente fruitée, surtout lorsqu'ils sont élaborés selon la méthode artisanale.

Reconnaître le cépage

Après un bourgeonnement cotonneux blanc avec un faible liseré carminé, la feuille du mauzac, de petite taille et épaisse, présente un aspect bullé. Légèrement allongée, elle dessine trois lobes peu marqués d'une couleur vert foncé bleuté. Elle est aisément reconnaissable au duvet blanc qui forme des pelotes sur le dessous du limbe. Le sinus pétiolaire est fermé. La grappe, tronconique et compacte, possède souvent un aileron ; elle porte des baies rondes, jaune doré, à la peau épaisse et dure, qui renferment de gros pépins.

Alias...

Souvent dénommé blanquette à Limoux, le mauzac admet par ailleurs les noms de mausac, moissac, moysac, mozac, meauzac, mansac et autres désignations issues de modifications orthographiques.

Le mauzac est le cépage de base de la blanquette-de-limoux, un vin effervescent aux arômes de pomme et de fleurs. Pour le limoux tranquille, il est assemblé au chenin et au chardonnay. Le vin vieillit en fût de chêne.

Le melon

Vieux cépage bourguignon, le melon a cependant déserté sa région d'origine. Il caractérise aujourd'hui la vallée de la Loire et plus particulièrement le Muscadet, dans la région nantaise.

Les grappes de melon, compactes et cylindriques, portent des baies jaune doré.

Découverte dans le vignoble

Le melon débourre de bonne heure : il est donc fréquemment atteint par les gelées. Il se montre aussi sensible aux maladies telles que le mildiou, l'oïdium et surtout la pourriture grise presque toujours présente sur ses grappes, d'où le surnom de « pourrisseux » que les vignerons ont donné à ce cépage. Il faut parfois vendanger son raisin avant complète maturité pour préserver son état sanitaire. Moyennement vigoureux, le melon est un plant productif et régulier, donnant de 40 à 50 hectolitres par hectare dans les aires d'appellation.

En France

Le melon est aujourd'hui peu planté en Bourgogne, où il ne couvre que 11 hectares sur les 12 900 hectares recensés en France. On le retrouve encore néanmoins dans les appellations mâcon blanc et crémant-de-bourgogne. Ce cépage se répandit au Moyen Âge en Franche-Comté, au point de s'attirer les foudres de Philippe II, roi d'Espagne et comte de Bourgogne qui, par l'ordonnance du 1er décembre 1567, « défend par advis de son gouvernement du Comté, de planter et d'édifier de nouveaux Gamez, Melons ». Malgré cette interdiction, les plantations continuèrent et les parlements de Bourgogne et de Franche-Comté édictèrent encore leur destruction de 1700 à 1731. Pour sauver leur plant menacé, les vignerons affublèrent de son nom son concurrent le plus redoutable – le chardonnay – qui devint ainsi le melon d'Arbois et qui fut détruit à sa place. Aujourd'hui, il ne subsiste que 7 hectares de vrai melon dans le Jura, alors que le cépage chardonnay y est largement cultivé.

Dans la vallée de la Loire, le melon a été introduit au Moyen Âge dans le pays d'Anjou sous les noms de petite bourgogne, petit melon musqué et de muscadet, tandis que le nom de grande bourgogne désignait le chardonnay. Son extension dans la Loire-Atlantique survint après le terrible hiver 1709, durant lequel ses souches résistèrent aux gelées. Le melon est désormais l'unique cépage des quatre appellations du Muscadet : muscadet, muscadet des coteaux de la loire, muscadet-sèvre-et-maine et muscadet-côtes-de-grand-lieu. On retrouve également ce plant en Vendée, où il participe à l'élaboration des vins blancs de l'AOVDQS fiefs-vendéens dans les régions de Pissotte et de Vix.

Autour du monde

En Californie, on cultive près de 1 000 hectares de melon sous le nom de pinot blanc, notamment dans la Napa Valley, ainsi que dans les comtés de Sonoma et de Monterey.
Les vins obtenus avec de forts rendements sont bien différents de ceux produits en France.
La superficie mondiale de melon avoisine ainsi 28 000 hectares.

Le goût

Le vin de melon est souvent élevé sur lie : il reste tout l'hiver sur ses lies fines de vinification jusqu'au moment de la mise en bouteilles, à partir du 1er mars suivant la récolte. Il présente ainsi une teinte très pâle ainsi qu'une palette aromatique intense et une bonne souplesse.

En haut, le vignoble californien de la Napa Valley. Ci-contre, les vignes des fiefs-vendéens, plantées sur les premiers contreforts du massif Armoricain. À droite, le melon du pays nantais.

Les muscadets

Les muscadets s'habillent d'une robe or vert très pâle, animée d'un léger perlant lorsque le vin a été élevé sur lie. Des arômes minéraux et iodés sont caractéristiques des vins jeunes, tandis que l'évolution fait naître des notes de fleurs blanches et d'agrumes. Selon les appellations du Muscadet, la palette admet des nuances plus ou moins marquées. Le muscadet-sèvre-et-maine s'oriente ainsi vers des accents muscatés. Associant rondeur et vivacité, les muscadets sont des vins moyennement alcooliques (12 % vol.). Les vins issus du littoral atlantique acquièrent beaucoup de personnalité dans leur finale légèrement amère.

Reconnaître le cépage

Après un bourgeonnement cotonneux blanc à liseré carminé, la feuille du melon présente un aspect caractéristique : orbiculaire, bullée, à bords recourbés, elle est presque entière. La grappe, cylindrique et compacte, porte des petites baies sphériques, jaune doré à peau épaisse.

Alias...

Dans le pays nantais, le melon est fréquemment dénommé muscadet ou petit muscadet, tandis qu'en Anjou il porte aussi les noms de petite bourgogne et de bourguignon blanc. Les Californiens l'appellent par erreur pinot blanc.

Le merlot

On ne sait rien de précis sur les origines de ce cépage noir bordelais mondialement cultivé. Avant le XIXe siècle, le merlot était considéré comme un cépage secondaire nommé crabutet noir, puis appelé merlot ou vitraille. C'est en 1857 que l'ampélographe Rendu décrivit et mentionna pour la première fois ce plant dans les grands crus du Médoc.

Découverte dans le vignoble

Le merlot est un cépage assez vigoureux, au port retombant, qui débourre assez tôt, ce qui le rend vulnérable aux gelées. Il se plaît principalement dans les terres fraîches qui conservent suffisamment d'humidité pendant l'été. Au contraire, les coteaux très secs lui sont défavorables car les grappes se développent mal et les grains restent petits. Le merlot craint particulièrement la pourriture grise, le mildiou, les vers de la grappe et les cicadelles. Il s'agit en outre d'un plant coulard lorsque les conditions climatiques au moment de la floraison lui sont défavorables ; dans ce cas les rendements demeurent très bas : de 20 à 30 hectolitres à l'hectare, parfois moins. En Bordelais, les rendements varient généralement de 40 à 60 hectolitres à l'hectare, tandis que dans le Midi ceux-ci atteignent 80 hectolitres, fournissant des vins de 11 % vol., au potentiel aromatique intéressant. Au-delà de 100 hectolitres à l'hectare, la qualité baisse rapidement et le merlot ne peut plus être considéré comme un cépage améliorateur.

En France

En quelques années, le merlot est devenu le premier cépage noir cultivé, devant le grenache et le carignan. Les superficies atteignent désormais en France plus de 115 300 hectares grâce aux nouvelles plantations effectuées dans le Midi.

C'est en Gironde que le merlot a établi son règne sur un peu moins de 60 000 hectares. Dans le Médoc, le merlot est implanté sur le bas des pentes, sur des sols plutôt argilo-calcaires et frais ; les hauteurs des croupes graveleuses sont en revanche réservées au cabernet-sauvignon qui préfère les sols plus chauds. De fait, le merlot est plus étroitement associé aux appellations saint-émilion et pomerol. Dans le Saint-Émilionnais, les terroirs se composent des molasses du Fronsadais recouvertes de sols argilo-calcaires. Le plateau qui s'élève à 60-90 mètres d'altitude se caractérise par une roche dure, utilisée notamment dans la construction du village : le calcaire à astéries. À Pomerol, les graves font l'unité de l'appellation, mais la présence d'argile permet au merlot de s'exprimer parfaitement. Ainsi, dans le vignoble de Petrus, où l'argile recouvre les graves, le merlot domine l'encépagement à 95 %, donnant des vins généreux, au bouquet de violette.

En Languedoc-Roussillon, le merlot a connu une explosion de ses plantations depuis la fin des années 1960, lorsque les cépages bordelais ont été classés recommandés dans le sud de la France. Il couvre ainsi plus de 23 940 hectares aujourd'hui. Ses vins, rouges ou rosés, sont ici marqués par un climat plus chaud, mais parviennent à bon niveau dans des appellations soumises à l'influence océanique rafraîchisante telles que la malepère et cabardès. En Provence, les plantations restent plus modestes.

Autour du monde

Le merlot est très répandu dans tous les grands pays viticoles, de l'Amérique à l'Australasie et de l'Afrique du Sud jusqu'en Chine. Cependant, sa progression a été moins fulgurante que celle du cabernet-sauvignon. Si la péninsule Ibérique lui réserve une place modeste, l'Italie le cultive largement dans les régions du Nord, ainsi qu'en Toscane, dans les Pouilles et en Sardaigne. Ce cépage, qui couvre ici plus de 25 620 hectares, fait partie de plusieurs appellations (DOC) dans le Trentin, le Frioul et la Vénétie où il donne des résultats satisfaisants lorsqu'il est planté en coteau. En Suisse, dans le Tessin, il rencontre des conditions de sol et de climat très favorables à la production d'un vin de qualité : le Val Mesoco. À l'est de l'Europe, il est particulièrement présent en Slovénie (Istrie) et en Croatie, le long de la côte dalmate, autour du lac Ohrid. Il est aussi le second cépage cultivé en Bulgarie, où il donne des vins assez charnus dans les districts méridionaux de Chirpan et d'Haskowo. On le retrouve par ailleurs en Russie, en Moldavie, en Roumanie, ainsi qu'en Hongrie dans la région d'Eger et au sud du pays autour de Villány.

Outre-Atlantique, le merlot représente un peu plus de 19 300 hectares en Californie, où il produit des vins d'assemblage de style

bordelais avec le cabernet-sauvignon ou des vins de cépage. Encore bien implanté dans l'État de Washington, il est en revanche plus discret dans les États de l'Oregon, de New York et de Virginie. Il occupe des surfaces importantes au Chili, où il est souvent confondu avec la carmenère ou mélangé avec ce cépage, en Argentine, en Afrique du Sud et en Australie. Le merlot se place ainsi à la septième place dans le classement mondial des cépages, avec plus de 220 000 hectares.

Le goût

Le vin pur de merlot est d'une belle qualité que l'on perçoit dans certains crus de pomerol ou de saint-émilion où il est majoritaire. Il possède une intensité colorante supérieure à celle des cépages méridionaux et peut être apprécié au bout de deux ou trois ans. Ses arômes évoquent les fruits rouges rôtis, les épices et parfois même le pruneau lorsque le raisin est très mûr. Associé au cabernet-sauvignon, le merlot donne de la souplesse à l'assemblage, qui peut être bu plus rapidement, ce qui explique l'engouement dont ce plant fait l'objet actuellement.

Le pomerol

Le pomerol possède un très grand potentiel de garde, mais il présente l'avantage de pouvoir être apprécié jeune grâce à ses tanins souples et veloutés. Rouge à reflets grenat, c'est un vin puissant et complexe, caractérisé par l'arôme de violette typique du merlot, auquel s'associent les fruits rouges, le cuir, des senteurs animales.

Reconnaître le cépage

Après un bourgeonnement cotonneux blanc à liseré carminé, la feuille du merlot est cunéiforme, vert foncé et bullée. Elle forme cinq lobes distincts aux dents anguleuses et étroites. Le sinus pétiolaire est en lyre et le dessous du limbe aranéeux. La grappe, parfois ailée, porte des baies sphériques, bleu-noir, dont la peau est moyennement épaisse ; la pulpe juteuse offre une saveur agréable.

Alias...

En patois, le merlot est appelé petit merle. D'autres noms lui ont été donnés, tels ceux de plant médoc en Bazadais, sémillon rouge ou semilhoun rouge en Médoc, sème dou flube (plant du fleuve) au sud des Graves ou encore bégney à Cadillac, Langon et Saint-Macaire.

Page de gauche : Le vignoble suisse du Tessin se compose de parchets en terrasses, sous un climat presque méditerranéen.

Le château L'Évangile, en pomerol, cultive 75 % de merlot sur un sol composé d'argiles et de graves sableuses.

La mondeuse

La mondeuse serait-elle la vigne des Allobroges citée par Columelle et Pline ? Nul ne saurait le confirmer. Mais il est certain que ce cépage est cultivé depuis longtemps en Savoie, où il était le principal plant avant la crise phylloxérique. Aujourd'hui en régression dans ce vignoble des basses pentes des Alpes, la mondeuse n'en reste pas moins réputée pour la qualité de ses vins rouges charpentés et connaît un regain d'intérêt.

Reconnaître le cépage

Après un bourgeonnement cotonneux blanc, la feuille de la mondeuse présente une forme tourmentée. Finement bullée et molle, elle dessine trois lobes dont les bords se recourbent. Le sinus pétiolaire en lyre est presque fermé et le dessous du limbe aranéeux. La grappe, allongée et assez compacte, porte de petites baies noir bleuté et juteuses.

Découverte dans le vignoble

Cépage vigoureux, la mondeuse est généralement conduite en gobelet à taille courte. Son débourrement est assez tardif, de même que sa floraison. Pour que ses raisins mûrissent bien, il convient de disposer les souches sur des pentes bien exposées. Dans ces situations, la production ne dépasse pas 40 à 60 hectolitres à l'hectare.

A *contrario*, dans les terres d'alluvions de plaine ou dans le fond des vallées, les rendements dépassent 100 hectolitres à l'hectare, ce qui nuit à la qualité des vins.

En Savoie, où se trouve le cru Arbin, la vendange a lieu au cours de la première quinzaine d'octobre, tandis qu'en Haute-Savoie la maturité intervient un peu plus tard. La mondeuse est sensible au mildiou, à l'oïdium et aux acariens.

En France

La mondeuse a connu un certain recul au cours des dernières décennies, bien qu'elle fasse partie de l'encépagement de l'AOC vin-de-savoie et du VDQS bugey. Elle couvre désormais un peu plus de 295 hectares, concentrés dans une dépression, la Combe de Savoie. En remontant la rive droite de l'Isère, le long du massif des Bauges, les pentes exposées sud-est du cru Arbin sont presque exclusivement vouées à la mondeuse. Il s'agit du cru le plus réputé de Savoie, avec Cruet et Saint-Jean-de-la-Porte. Dans le Bugey, au sein du département de l'Ain, le vignoble est implanté sur les basses pentes du Jura, constituées d'éboulis calcaires. La mondeuse partage ce terroir avec le poulsard jurassien, le pinot et le gamay bourguignons. Autrefois importantes, les vignes de Bugey sont aujourd'hui très éparses, en descendant sur la rive droite du Rhône.

Autour du monde

Des plantations de mondeuse ont été observées en Australie, au nord-est de l'État de Victoria. Ce cépage serait également cultivé en Argentine, mais dans ce pays une confusion avec le cépage refosco, cultivé en Italie dans le Frioul, pourrait être source d'erreur dans l'identification des souches. La feuille du refosco est plus découpée que celle de la mondeuse. En Californie, la mondeuse est également appelée refosco, mais il ne s'agit pas du cépage italien.

Alias...

La mondeuse noire possède une abondante synonymie, dont on retiendra les noms de molette en Savoie, gros plant, grand chétuan et meximieux dans le Bugey et le Revermont.

Le goût

À petits rendements, la mondeuse produit un vin solide, coloré, avec suffisamment de mâche et un bon potentiel de garde. Rouge pourpre, le vin-de-savoie prend des reflets cerise noire lorsqu'il est issu du cru Arbin. Au nez se libèrent des arômes de fraise, de framboise et de cassis. Des notes de violette et d'iris apparaissent également, soulignées de nuances épicées. Un peu sauvage dans sa jeunesse, le vin fond ses tanins après une garde de deux à six ans.

Le mourvèdre

Appelé morastell ou monastrell en Espagne, le mourvèdre est le deuxième cépage noir de ce pays. Il existe depuis le XIVe siècle en Provence, mais on ignore comment il a été introduit de la péninsule Ibérique. Un temps oublié des vignobles provençaux, il retrouve aujourd'hui la faveur des vignerons du pourtour méditerranéen qui redécouvrent la grande qualité de ses vins.

Découverte dans le vignoble

Le mourvèdre débourre tardivement, ce qui en fait un plant précieux pour les situations gélives telles les plaines ou pour les flancs de montagne. En Provence, il ne donne guère signe de vie avant le début mai. En revanche, ses autres caractéristiques culturales constituent autant de contraintes pour le viticulteur. D'une part, en raison de sa maturité tardive, ce cépage doit être planté dans des endroits chauds et bien exposés comme à Bandol. D'autre part, ses rendements se sont longtemps limités à 30 hectolitres à l'hectare ; aujourd'hui, un programme de recherche a été mis en place à l'Espiguette et dans le Var pour adapter à la France des clones de qualité introduits de la région de Murcie en Espagne. Enfin, le mourvèdre redoute la carence en potassium, les acariens, les cicadelles et ses souches craignent les gelées d'hiver.

En France

Avant l'invasion phylloxérique, le mourvèdre était le cépage dominant de la Provence et on le rencontrait jusqu'en Haute-Provence dans le vignoble des Mées. Au moment de la reconstitution du vignoble, il se montra mauvais greffon sur les porte-greffes alors disponibles et fut délaissé au profit de cépages plus productifs. À partir de 1960, la recherche de plants de qualité a favorisé à nouveau la plantation de mourvèdre dont les superficies sont passées de 618 hectares en 1958 à quelque 9 200 hectares aujourd'hui.
En Provence, le mourvèdre fait partie de l'encépagement de plusieurs appellations d'origine : cassis, côtes-de-provence, coteaux-d'aix-en-provence, palette, coteaux-varois. Mais c'est à Bandol qu'il s'exprime pleinement en rouge comme en rosé. Il constitue au moins 50 % des assemblages rouges, aux côtés des grenache, cinsaut et, accessoirement, des syrah et carignan. Dans ce vaste amphithéâtre de collines qui borde la Méditerranée, s'accrochant aux longues terrasses de pierre sèche – les « restanques » –,

Le mourvèdre est l'un des nombreux cépages autorisés dans la vallée du Rhône.

Le mourvèdre est implanté dans les vignobles ensoleillés de Provence et notamment en bandol.

il bénéficie de tout l'ensoleillement nécessaire et de la protection des vents du Nord.
Dans la vallée du Rhône, le mourvèdre est l'un des treize cépages autorisés en châteauneuf-du-pape ; il apporte aux vins dominés par la syrah et le grenache de la complexité et une bonne aptitude à la garde. Il apparaît en outre dans les aires des côtes-du-rhône, côtes-du-ventoux, côtes-du-luberon et coteaux-de-pierrevert. En Languedoc-Roussillon, l'implantation du mourvèdre est récente et progresse régulièrement comme cépage « améliorateur » dans diverses appellations, depuis les coteaux-du-languedoc, les costières-de-nîmes et le minervois jusqu'aux côtes-du-roussillon et au collioure aux abords de la mer Méditerranée.

Autour du monde

En Espagne, le mourvèdre est un important cépage, couvrant plus de 73 870 hectares principalement dans le Levant et la région centrale. Il domine le paysage aride et calcaire des aires de Valencia, Almansa, Jumilla, Yecla et Alicante, où il est planté franc de pied (c'est-à-dire non greffé) et à faible densité ; il y produit des vins robustes, d'une grande puissance alcoolique.
On retrouve quelque 626 hectares de mourvèdre en Australie, principalement dans la Barossa Valley, et une centaine d'hectares en Californie et en Italie. Quelques plantations existent également en Russie, en Crimée en Azerbaïdjan et en Ouzbékistan, ce qui porte la superficie mondiale de cette variété à 87 000 hectares environ.

Le goût

Le vin de mourvèdre est alcoolique (12 % vol.), très coloré et riche en tanins. Rude dans sa jeunesse, il demande plusieurs années de garde pour se fondre et développer toute sa palette aromatique fruitée. Très poivré, il développe des arômes de gibier dans sa jeunesse, puis exprime le fruit noir et les épices.

Page de droite : En Espagne, le mourvèdre est planté à faible densité à Jumilla et Yecla. Ces aires d'appellation se caractérisent par des sols calcaires très secs.

Le bandol

Le bandol rouge, sous une teinte rubis intense, présente une imposante charpente tannique qu'une garde d'une dizaine d'années en bouteille affine. Les arômes se déclinent dans la gamme des fruits rouges, avec des notes de poivre, de truffe, de sous-bois et de cuir. Le bandol rosé, tout aussi fruité, doit au mourvèdre une structure suffisante pour supporter deux ou trois ans de vieillissement.

Reconnaître le cépage

Après un bourgeonnement cotonneux blanc à liseré carminé, la feuille de mourvèdre est plane, entière et finement bullée. Sa forme est dite cunéotronquée. Le sinus pétiolaire est en lyre, les dents anguleuses et le dessous du limbe duveteux-pubescent. La grappe, conique et de taille moyenne, présente parfois un aileron. Les petites baies noires se resserrent de manière compacte ; sous une pruine abondante et une pellicule épaisse, on découvre une pulpe fondante à saveur âpre.

Alias...

Les caractéristiques du mourvèdre lui ont valu des noms pittoresques dans les vignobles méditerranéens : mourvedon, mourvès, morvède, négron en Provence pour évoquer la coloration de la grappe ; estrangle-chien en raison de la saveur âpre de son fruit ; tire-droit dans la Drôme pour rappeler la direction verticale de ses rameaux, espar ou spar dans l'Hérault ; flouron ou flouroux pour signaler la pruine abondante de son fruit, etc. En Espagne, le mourvèdre est appelé morastell ou monastrell, tandis qu'en Californie et en Australie, comme dans les Pyrénées-Orientales, il prend le nom d'une ville située près de Barcelone : mataro.

La muscadelle

Essentiellement cultivée en Gironde et en Dordogne, la muscadelle semble être originaire d'Aquitaine. Elle n'appartient pas à la grande famille des muscats, bien que ses raisins, très mûrs, présentent un parfum légèrement musqué.

Découverte dans le vignoble

La muscadelle est un cépage de vigueur moyenne, qui débourre assez tardivement. Elle produit de 50 à 80 hectolitres à l'hectare, rarement davantage. Au moment des vendanges, il faut souvent trier la vendange pour éliminer les parties trop altérées et aigries sur souche sous l'action des drosophiles. Le raisin est en outre sensible aux parasites (oïdium, vers de la grappe, guêpes) et très atteint par la pourriture grise.

En France

Recommandée dans tout le Sud-Ouest et les Charentes, la muscadelle fait partie de l'encépagement de plusieurs aires d'appellations contrôlées, mais n'est jamais vinifiée seule. De fait, elle est très peu replantée aujourd'hui et sa culture, en régression, se limite à quelque 1 700 hectares.

La muscadelle est liée aux vins liquoreux du Bordelais et du Périgord, associée au sémillon et au sauvignon. Pourtant, elle ne représente qu'un faible pourcentage dans toutes ces aires situées de part et d'autre de la Garonne, autour de son confluent avec le Ciron : cérons, cadillac, loupiac, sainte-croix-du-mont, sauternes et barsac. Quand elle n'est pas totalement absente du vignoble, comme au Château d'Yquem. De la même manière, elle ne type jamais les vins moelleux de la Dordogne (côtes-de-montravel, monbazillac, etc.) autant que ces alliés.

Loin de se restreindre à la seule production de vins liquoreux, ce cépage participe également à l'élaboration de vins secs, dans l'Entre-deux-Mers comme dans le Bergeracois ; mais une fois encore, il s'efface devant une autre variété de l'assemblage, le sauvignon, qui apporte d'élégants arômes floraux.

Autour du monde

En Europe, il existe quelques plantations de muscadelle en Hongrie, en Roumanie, en Ukraine, en Crimée, et en Russie pour la production de vins de table, de vins de dessert ou pour la préparation de jus de raisin. On retrouve ce cépage en Californie, en Afrique du Sud, sous le nom de muskadel, et plus encore en Australie dans l'État de Victoria, où il fut longtemps tenu pour le hárslevelü, cette variété hongroise qui fait la magie des tokay. Là, il produit un vin de liqueur fort apprécié, le liqueur tokay, aussi concentré qu'un madère. La superficie mondiale de muscadelle s'élève ainsi à 5 000 hectares environ.

Le goût

Le vin de muscadelle, souvent très doux, possède un parfum marqué qui rappelle un peu celui du muscat mais en beaucoup plus discret.

Alias...

Musquette, muscadet doux, raisinotte, angelico en Gironde, muscade à Sauternes, muscat fou à Bergerac, guilan muscat ou guilan musqué dans les vignobles du Lot, du Tarn et de la Garonne, ou encore muscadelle du Bordelais...
Ce cépage garde toujours dans son nom une référence à sa saveur subtilement musquée.
En Californie, la muscadelle est parfois appelée sauvignon vert et, en Uruguay, semillon, tandis qu'en Australie elle a gardé d'une confusion avec le hárslevelü hongrois le nom de tokay.

Reconnaître le cépage

Après un bourgeonnement cotonneux blanc et de jeunes feuilles bronzées, la feuille de la muscadelle est grande, orbiculo-réniforme et bullée. Elle dessine trois lobes assez peu marqués.
La grappe, également grande, présente une forme tronconique. Lâche, elle est chargée de baies sphériques, blanches à gris rosé et mouchetées à maturité complète. La saveur du raisin est légèrement musquée.

Le muscat blanc

Il n'existe pas un cépage muscat mais une vaste famille caractérisée par sa puissance aromatique. Le muscat blanc à petits grains est sans doute le représentant le plus noble de cette dynastie. Connu et cultivé depuis la plus haute Antiquité sur les bords de la Méditerranée, le groupe des muscats constituait les *Anathelicon moschaton* des Grecs et les *apianae* des Romains, ainsi nommés car les raisins étaient recherchés par les abeilles et surtout les guêpes, très friandes de ce parfum musqué. Les Romains ont probablement introduit en Gaule, dans la province Narbonnaise, les premiers plants de muscat.

Le conservatoire ampélographique de Tresserre permet aux chercheurs d'étudier les arômes du muscat planté sur les sols de cailloux roulés du Rivesaltais.

Découverte dans le vignoble

Le muscat blanc se dresse, vigoureux, sur son cep. Ses bourgeons débourrent précocement et son raisin mûrit tôt, dès la fin du mois d'août dans l'Hexagone, ce qui lui a permis de s'adapter à des climats divers et de s'implanter jusqu'en Alsace, au septentrion. Le revers de la médaille est une sensibilité à diverses maladies et plus particulièrement aux vers de la grappe et aux guêpes qui peuvent occasionner des dommages importants, au point de vider complètement les grains de leur substance pour ne laisser que la pellicule et les pépins. Dans les sols pierreux et maigres des terroirs chauds, les rendements demeurent faibles : ils sont limités à 28 hectolitres à l'hectare de moût pour la production de vins doux naturels en France. Dans les terres fertiles, la production peut doubler mais les raisins sont alors moins riches en sucres et le parfum musqué est atténué.

En France

Fort de 6 400 hectares, le muscat blanc est la vedette de la famille des muscats. Dans le département de l'Hérault, il s'exprime au travers de vins doux naturels réputés de longue date : Frontignan, Lunel, Mireval, Saint-Jean-de-Minervois. Sous le règne de l'empereur Charlemagne, Frontignan exportait déjà ses vins de muscat et cette renommée s'étendit encore avec le grand courant commercial de Montpellier, à partir du XIIe siècle. Huit siècles plus tard, ses

Vignes de muscat blanc à Frontignan.

Saint-Jean-de-Minervois, un terroir calcaire presque nu, d'une blancheur éblouissante.

Le muscat-de-saint-jean-de-minervois

Le muscat-de-saint-jean-de-minervois revêt une robe or pâle et décline des notes de citronnelle, de litchi et de fruit de la Passion. La bouche, tout en dentelle et d'une longueur étonnante, tire profit de la fraîcheur des arômes pour équilibrer sa richesse. Ce muscat doit son originalité à une vendange plus tardive que dans les autres aires, fin septembre-début octobre, lorsque le climat moins chaud favorise une lente concentration des sucres et des arômes.

Reconnaître le cépage

Après un bourgeonnement duveteux blanc à liseré carminé puis de jeunes feuilles très brillantes et bronzées, la feuille du muscat blanc est orbiculaire, épaisse et gaufrée. Elle présente cinq lobes moyennement marqués mais très dentelés qui se referment vers le haut. Le sinus pétiolaire est fermé à bords parallèles. La grappe, rarement ailée, est cylindrique et longue. Ses baies rondes d'une couleur jaune ambré forment une masse compacte ; leur pellicule épaisse se couvre de points roux à maturité complète et renferme une chair ferme, juteuse et très sucrée, possédant une saveur aromatique musquée.

Alias...

Cépage mythique dans tout le pourtour méditerranéen, le muscat blanc admet de nombreux synonymes qui mettent en valeur soit ses caractéristiques botaniques, soit ses divers terroirs d'implantation : muscat blanc à petits grains, muscat de Frontignan ou de Lunel, muscat de Die, muscat d'Alsace, muscat blanc du Valais. En Grèce, il porte, entre autres, les noms de moschato aspro ou de moscatofilo, en Espagne ceux de moscatel de grano menudo ou de moscatel fino et au Portugal ceux de moscatel de bago miudo ou de moscatel branco. En Italie, on le connaît sous le nom de moscata bianca, moscatello bianco, moscato di Canelli, moscato d'Asti et moscato bianco comune, tandis que l'Allemagne possède son weisser muskateller et la Roumanie son tamîioasa romaneasca. Dans la zone anglophone, les Australiens parlent de brown muscat ou de white frontignac, les Sud-Africains de white muscadel et les Anglais de white frontignan.

produits allaient trouver preneurs en Allemagne, en Hollande et en Angleterre à des prix très élevés. À Frontignan, la vigne est cultivée sur des sols secs et caillouteux, impropres à toute autre culture mais qui, la nuit venue, restituent aux vieux ceps toute la chaleur emmagasinée pendant la journée. Là, orientée sud-est et protégée des vents du nord par le massif de la Gardiole, elle bénéficie des meilleures conditions pour la maturation de son raisin. Quelques kilomètres à l'est, sur les sols argilo-calcaires de Mireval comme sur les coteaux peu élevés et recouverts de cailloutis de Lunel, le vignoble de muscat est ouvert sur la mer ; l'humidité maritime permet ici d'atténuer les grosses chaleurs estivales et favorise la lente concentration des sucres et des arômes dans les baies.

Une maturation trop hâtive sous la canicule diminuerait les substances aromatiques. Puis c'est à l'extrême ouest de l'Hérault que le muscat se multiplie, à Saint-Jean-de-Minervois, au pied du versant sud de la Montagne Noire. Ce terroir calcaire d'un blanc éclatant, peu profond et pauvre se traduit dans le verre par une matière tout en dentelle, un parfait équilibre entre fraîcheur et sucrosité. Un spectacle tout aussi impressionnant s'offre en Provence, à Beaumes-de-Venise sous les Dentelles de Montmirail, où le muscat blanc produit des vins fruités et fins. Autrefois, on produisait aussi près de Marseille les muscats de Cassis

Le vignoble de Constantia, dans la région du Cap, en Afrique du Sud.

Page de droite : En Italie, dans le Piémont, le muscat blanc est à l'origine d'un vin légèrement perlant, aux arômes de raisin frais : le moscato d'Asti.

et de Roquevaire, dans lesquels entrait une part de mourvèdre.
Dans les Pyrénées-Orientales, le muscat blanc se marie au muscat d'Alexandrie pour produire des vins doux. Ce dernier, qui se développa ici au milieu du XXe siècle, a le mérite d'être moins attaqué par les oiseaux et les insectes, d'être plus productif aussi ; s'il est couramment vinifié, il trouve en outre un débouché comme raisin de table.
En revanche, il se montre plus tardif que le muscat blanc et exige un climat chaud pour s'exprimer.
Ainsi, si l'aire d'appellation muscat-de-rivesaltes couvre quelque 3 224 hectares dans un vaste espace entre Corbières et Pyrénées, Canigou et Méditerranée, c'est dans le Rivesaltais, sur des terrasses de cailloux roulés, que ce cépage s'exprime avec le plus d'intensité.
Au-delà du continent, la dernière née des appellations corses fait à son tour l'éloge du muscat blanc, planté entre roche et maquis, sur des terroirs principalement schisteux. Le muscat-du-cap-corse laisse en bouche une sensation veloutée et le goût du raisin frais que l'on croque.
S'il est souvent associé à l'image des vins doux, le muscat blanc produit d'autres types de vins. Ses raisins récoltés sur les versants de la moyenne vallée de la Drôme s'associent au cépage clairette pour l'élaboration d'un des plus anciens vins du monde : la clairette-de-die, un vin mousseux de méthode ancestrale, dont la fermentation s'est achevée naturellement en bouteille sans ajout d'aucune liqueur. En Alsace, il est à l'origine d'un vin sec d'appellation alsace-muscat, bien qu'il soit désormais remplacé en grande partie par le muscat ottonel.

Autour du monde

C'est en Italie que le muscat trouve un second foyer de culture, avec plus de 13 280 hectares. Il est à l'origine des célèbres vins mousseux moscato d'Asti et asti spumante dans le Piémont ; le raisin est ici récolté sous un climat tempéré, sur de douces collines au pied desquelles coulent le Tanaro et la Bormida. Dans la chaleur et l'aridité du sud du pays et de la Sicile, le moscato livre des vins de liqueur, tels les moscato di Noto ou moscato di Siracusa. Ce type de vins a acquis une large réputation en Grèce, notamment à Samos, île de la mer Égée où le muscat blanc est planté en terrasse jusqu'à 800 mètres d'altitude ; les muscats de Pátras et de Céphalonie, dans le Péloponnèse, atteignent un même niveau de qualité et sont exportés à 80 % sur le marché étranger.

On retrouve des plantations de muscat blanc dans la péninsule Ibérique mais le muscat d'Alexandrie est ici plus largement implanté que le muscat blanc. En remontant en boucle du sud-est au nord de l'Europe, le muscat est apprécié en Turquie, en Autriche, en Roumanie et dans le sud de la Russie. En Allemagne, on produit un peu de muscat dans le pays de Bade et le Wurtemberg, où on associe ce plant à quelques muscats rouges et au muscat ottonel, mais son importance demeure faible.

Au Nouveau Monde, le muscat blanc est cultivé en Californie, notamment dans la San Joaquin Valley, au sud de la Central Valley : l'AVA Madera est ainsi connue pour ses vins doux. Ce cépage se rencontre également en Argentine et au Brésil. En Australie, au nord-ouest de l'État de Victoria, le muscat blanc est vinifié en un vin de liqueur de couleur sombre, connu sous le nom de liqueur muscat. En Afrique du Sud, le muscat blanc à petits grains a donné naissance au légendaire vin de Constantia à la fin du XVIIIe siècle. Encore bien implanté dans la province du Cap, il laisse aujourd'hui son parfum à d'autres vins de liqueur. Le muscat blanc couvre ainsi quelque 87 000 hectares dans le monde.

Le goût

Le vin de muscat blanc est reconnaissable entre tous à ses parfums de rose et de bois de rose dus à la présence naturelle de composés terpéniques dans le raisin. Ces arômes sont qualifiés de muscatés. Les vins doux naturels associent à cette caractéristique des notes fruitées (raisins, abricots secs, pomelos, fruits exotiques, litchi) et florales (rose, fleurs blanches, citronnelle). Leur bouche ne doit jamais être lourde par excès de sucrosité, mais subtilement équilibrée par la fraîcheur aromatique. Les vins secs de muscat blanc se distinguent par une finale amère.

Le muscat d'Alexandrie

Originaire d'Afrique, ce muscat devrait son nom à la ville d'Alexandrie, point de départ de sa diffusion dans tous les vignobles du pourtour méditerranéen, où son raisin tardif pouvait mûrir. Son autre nom de muscat romain laisse penser qu'il fut multiplié à l'époque de l'Empire romain.

Reconnaître le cépage

Un bourgeonnement duveteux à liseré carminé laisse place à des feuilles orbiculaires, brillantes et finement bullées. Celles-ci sont moyennement quinquelobées et possèdent un sinus pétiolaire en lyre étroite. Les grandes grappes cylindro-coniques et ailées portent de grosses baies d'un blanc jaunâtre, à la pellicule assez mince et à la saveur musquée caractéristique.

Alias...

Le muscat d'Alexandrie possède de nombreux autres noms tels que muscat romain, panse musquée ou muscat à gros grains en France. En Espagne, il est appelé moscatel gordo ou moscatel de Alejandría ; en Afrique du Sud, white hanepoot.

Le muscat-de-rivesaltes

Le muscat-de-rivesaltes naît d'un assemblage de muscat d'Alexandrie et de muscat à petits grains. Jaune pâle à reflets dorés, il décline des notes de fruits comme le pomelo, la pêche, l'abricot, ainsi que des notes de fleur d'oranger et de citronnelle, de miel et d'agrumes confits. Au palais, la douceur est équilibrée par une juste fraîcheur.

Découverte dans le vignoble

Le muscat d'Alexandrie est un plant vigoureux, à port érigé et à débourrement tardif. Il nécessite une température élevée pendant la floraison pour éviter coulure et millerandage. Il est sensible à l'oïdium, au mildiou, aux acariens, aux gelées d'hiver et au sirocco en Afrique du Nord, mais il est résistant à la sécheresse.
Il est généralement conduit en gobelet à taille courte, mais s'adapte bien à la taille en pergola dans les sols fertiles ou irrigués. Les rendements sont donc variables, de 40 à 100 hl/ha, parfois davantage – mais son parfum musqué s'atténue.

Des fins multiples

Ce cépage fournit un raisin de table, dont la saveur musquée est appréciée des peuples méditerranéens qui le cultivent en treilles, à l'air libre. Il constitue en outre un joli raisin de serre en Belgique et en Hollande pour la production de raisins à contre-saison. Séchés, ses raisins sont souvent vendus attachés à leurs rafles, comme les dattes, sous le nom de raisins de Málaga dans le sud de l'Espagne. Des jus à saveur musquée sont également produits.

En France

Dans les Pyrénées-Orientales, le muscat d'Alexandrie couvre 2 900 ha. Comme le muscat à petits grains, il est cultivé entre Corbières, Canigou et mer Méditerranée depuis plus de 2 000 ans et participe à la production de deux célèbres vins doux naturels de la région Languedoc-Roussillon : le muscat-de-rivesaltes (voir encadré) et le rivesaltes (avec les grenache blanc et gris, et le macabeu).

Autour du monde

Le muscat d'Alexandrie représente quelque 90 000 ha dans le monde. En Espagne, il est répandu pour la production de vins de liqueur (moscatel et málaga) comme pour celle de raisin de table (40 000 ha). Il est également planté au Portugal (muscat de Setúbal) et en Italie (muscat de Pantelleria) sur un millier d'hectares, ainsi qu'en Grèce (2 092 ha ; muscat de Lemnos), au Maroc (près de 5 000 ha), en Tunisie, en Turquie, en Hongrie, en Roumanie, en Russie et en Slovaquie.
Introduit en Afrique du Sud, au cap de Bonne-Espérance, dès 1650, il couvre aujourd'hui quelque 5 740 ha. L'Australie en cultive aussi plus de 3 580 ha. Sur le continent américain, c'est au Chili (5 955 ha) et au Pérou (300 ha) que le muscat d'Alexandrie se distingue : son vin est distillé pour l'élaboration d'une eau-de-vie parfumée, le pisco.

Le goût

Le profil aromatique du vin de muscat d'Alexandrie est différent de celui du muscat blanc à petits grains, car le raisin est plus riche en géraniol et plus pauvre en nérol. Au cours du vieillissement en bouteille, le bouquet évolue vers des notes de raisin passerillé et de figue sèche. S'il est surtout connu pour ses vins doux, le muscat d'Alexandrie produit aussi des vins secs et des effervescents.

La négrette

La négrette fait l'originalité des vins rouges et rosés du Frontonnais, aux portes de Toulouse, ou de Lavilledieu. Elle est implantée dans un très ancien vignoble, autrefois propriété des chevaliers de l'ordre de Saint-Jean-de-Jérusalem.

Reconnaître le cépage

Après un bourgeonnement cotonneux blanc à liseré carminé, la feuille de la négrette est cunéiforme et finement bullée. Ses cinq lobes moyennement marqués sont bordés de dents anguleuses et étroites. Le sinus pétiolaire est en V plus ou moins étroit, et le dessous du limbe duveteux. La grappe, petite et cylindrique, possède un aileron et forme une masse compacte. Ses baies noires, rondes ou légèrement ovoïdes, renferment une chair très pulpeuse.

Le vignoble des côtes-du-frontonnais a conservé un cépage original, la négrette, après sa reconstitution par les coopératives de Fronton et Villaudric.

Alias...

Quel que soit le nom choisi pour désigner ce cépage, c'est toujours à la couleur noir profond qu'il est fait référence : négret de Gaillac ou du Tarn, morillon, mourelet, chalosse noire ou vesparo noir dans le Gers, petit noir en Charente, etc. En Californie, la négrette est appelée pinot Saint-Georges.

Découverte dans le vignoble

La négrette est un cépage fertile et de qualité, qui débourre tardivement. Malheureusement, elle est sensible à l'oïdium et à la pourriture grise, ce qui a provoqué le déclin de sa culture. En outre, elle produit peu dans les terres argilo-calcaires et coule beaucoup dans les terres d'alluvions ; elle préfère les terres silico-argileuses, plus ou moins graveleuses, appelées boulbènes.

En France

La culture de la négrette a connu un léger recul et représente aujourd'hui quelque 1 500 hectares. Les vignes sont principalement établies dans les aires du côtes-du-frontonnais et du VDQS lavilledieu. La négrette est particulièrement bien adaptée aux sols riches en fer de Fronton, et si elle a gravement souffert du phylloxéra au début du XXe siècle parce qu'elle ne parvenait pas à reprendre sur les porte-greffes utilisés alors, elle a retrouvé la faveur des vignerons après les gelées de 1956. Elle partage aujourd'hui les terrasses du Tarn avec le cabernet franc, le cabernet-sauvignon, le côt, la mérille et la syrah.
Juste au nord du Frontonnais, la négrette occupe les terrasses du Tarn et de la Garonne, aux côtés du cabernet franc, du gamay, de la syrah et du tannat. Elle représente 30 % de ce petit vignoble de Lavilledieu, implanté sur des limons siliceux ou des graves. Là encore, son apparition remonte au Moyen Âge, lorsque la commanderie des Templiers s'installa dans la région.

Le goût

Si les Toulousains ont trouvé leur vin dans le côtes-du-frontonnais, leur cépage est bien la négrette. Celle-ci lègue au côtes-du-frontonnais une couleur rubis et des arômes de violette, de fruits rouges et de réglisse. Lorsqu'elle domine leur assemblage, les vins rouges sont puissants, dotés d'un fort parfum de terroir et aptes à une garde de cinq ans. Quant au lavilledieu, c'est un vin rond et fruité, en rouge comme en rosé. Autrefois, la négrette fournissait en outre le meilleur vin rouge des Charentes.

Le petit manseng

Les Pyrénées-Atlantiques constituent le domaine du petit manseng, un cépage blanc aux baies épaisses qui se laissent volontiers accaparer par la pourriture noble dans les vignobles du Jurançonnais. Séduits par la qualité et la typicité de ses vins, les vignerons ont augmenté ses plantations au cours des cinquante dernières années.

Le jurançon

Le jurançon est un vin de légende, à la fois royal puisque quelques gouttes de ce vin furent versées lors du baptême du futur Henri IV, et littéraire : « Je fis, adolescente, la rencontre d'un prince enflammé, impérieux, traître comme tous les grands séducteurs », écrit Colette. Vêtu d'or, le jurançon moelleux livre une palette de miel, d'épices, de fleurs blanches et de fruits confits. À la fois vif et généreux, il emplit la bouche d'une matière concentrée mais délicate.

Reconnaître le cépage

Après un bourgeonnement cotonneux blanc à liseré carminé, la feuille du petit manseng, de forme orbiculaire, est vert foncé et finement bullée. Elle présente entre trois et cinq lobes moyennement marqués. Le sinus pétiolaire est en U et le dessous du limbe aranéeux. La grappe, tronconique et ailée, porte de petites baies sphériques blanches à peau épaisse.

Alias...

Le nom de petit manseng connaît quelques variantes orthographiques, telles que petit mansenc, mansenc blanc, mausenc blanc, manseing ou encore mansic. En basque, ce cépage est appelé ichiriota zuria tipia.

Découverte dans le vignoble

Les terrains profonds et à cailloux roulés sont ceux qui conviennent le mieux au petit manseng. Ce cépage vigoureux doit être taillé long et cultivé en hautains, les ceps étant surélevés à 1,70 mètre. Le petit manseng est très sensible à l'oïdium et nécessite des traitements soignés et répétés ; il redoute également les attaques du mildiou, un peu moins celles du black-rot ou de la pourriture grise. Le mode de conduite en hautains permet d'éviter l'action néfaste des gelées de printemps sur ce cépage au débourrement précoce. Mais si la production est régulière, elle demeure faible (de 15 à 25 hectolitres par hectare). La vendange se fait par tries successives des grappes en tenant compte du développement de la pourriture noble. Néanmoins, la concentration en sucres est également possible sans l'intervention de la pourriture noble, grâce à l'action du passerillage sur souche qui se réalise facilement en raison de l'épaisseur de la pellicule des baies. Il n'est pas rare que les vendanges se poursuivent jusqu'aux premières neiges.

En France

Le petit manseng a fait la renommée des vins blancs moelleux de Jurançon. Implanté face à la chaîne pyrénéenne, il partage le terroir avec le courbu et le gros manseng. Il fait en outre partie de l'encépagement des appellations béarn, irouléguy et pacherenc-du-vic-bilh. Sa superficie est passée d'une trentaine d'hectares dans les années 1950 à plus de 900 hectares aujourd'hui.

Autour du monde

Au XIXe siècle, le petit manseng a été introduit par des viticulteurs d'origine basque en Uruguay. Il couvre quelque 1 000 hectares dans ce pays.

Le goût

La concentration naturelle du sucre dans le raisin est à l'origine du caractère des vins liquoreux du Jurançon, qui peuvent titrer de 12 à 16 % vol. et plus. Ces vins possèdent une belle acidité, dévoilent une grande finesse et un parfum particulier. La présence du petit manseng, qui apporte des notes de fruits mûrs (pêche, agrumes) et d'épices (cannelle), de fruits exotiques et de nèfle, est primordiale dans la formation de la personnalité du jurançon.

Survivance de l'ancienne conduite autour d'arbres fruitiers, les hautains permettent de protéger la vigne des gelées.

Le pinot noir

Le pinot noir est à l'origine des grands vins rouges de Bourgogne et s'est répandu dans les vignobles septentrionaux de Champagne et d'Alsace. Bien avant la conquête romaine, les Gaulois cultivaient sans doute déjà ce cépage que l'agronome latin Columelle aurait décrit. Aujourd'hui, sa diffusion est mondiale.

Découverte dans le vignoble

Le pinot noir est un cépage capricieux, qui craint nombre de maladies. Parce qu'il débourre précocement, il est particulièrement sensible aux gelées printanières et ne doit donc pas être planté en plaine ou en bas de pentes de coteaux dans les vignobles septentrionaux. Lorsqu'il fait froid et humide à l'époque de la floraison, on observe en outre de la coulure ou du millerandage, autre raison d'écarter le pinot des situations basses ou des sols argileux, humides. Enfin, les rendements sont variables d'une région à l'autre. Ces faiblesses ont incité les scientifiques à produire une grande variété de clones. En Champagne, par exemple, les vignerons recherchent des clones plus productifs qu'en Bourgogne.

En France

Parce qu'il mûrit de bonne heure, le pinot noir est un cépage recherché ; il a été planté dans tous les grands vignobles septentrionaux et en Europe centrale pour satisfaire les rois, les princes et autres seigneurs, ainsi que les ordres monastiques qui sont à l'origine de la création de vignobles de crus dont la plupart existent encore aujourd'hui. En France, la culture du pinot a triplé en quarante ans pour atteindre plus de 27 900 hectares en 2006. Les quatre principaux foyers de ce plant sont la Bourgogne, la Champagne, l'Alsace et la vallée de la Loire.
En Bourgogne, le pinot noir exprime une multitude de nuances selon le terroir où il est planté. C'est en Côte-d'Or, sur près de cinquante kilomètres de Dijon à Dezize-lès-Maranges, qu'il se décline avec le plus de complexité. À Marsannay commence la Côte de Nuits. Ce sont vingt-neuf appellations qui se suivent tout au long de cette côte, parmi lesquelles gevrey-chambertin, morey-saint-denis, nuits-saint-georges, chambolle-musigny, vosne-romanée, réputées pour la finesse de leurs vins. Dans le secteur des premiers et grands crus, le pinot implanté sur des sols riches en marnes calcaires est à l'origine des vins rouges les plus structurés de Bourgogne : grands-échézeaux, romanée, la romanée-conti, romanée-saint-vivant, chambertin, clos de la roche, musigny et clos de vougeot. Plus loin, la Côte de Beaune propose des vins rouges de belle ampleur issus de sols profonds : ce sont dans la partie nord le corton et le savigny-lès-beaune ; dans la partie centrale, les beaune premiers

Entre les bois et la route des grands crus, chambertin et chambertin-clos-de-bèze (ci-contre) bénéficient d'un terroir calcaire en pente douce et d'une exposition à l'est favorables à l'expression du pinot noir. En haut, la Champagne réserve plus d'un tiers de son vignoble au pinot noir.

crus, le pommard ainsi que le volnay, par exemple.
À hauteur de la Côte chalonnaise, le pinot noir côtoie le chardonnay dans les appellations mercurey, givry ou encore rully. Les vins rouges sont ici aimables et de bonne garde. Parvenu en Mâconnais, où il se limite à la production de bourgogne régional, le pinot cède progressivement la place au gamay, cépage des mâcon et, plus au sud, du beaujolais.
En Champagne, le pinot noir constitue la majorité des assemblages du célèbre vin effervescent. Son raisin est vendangé soigneusement dans de petits paniers et conduit le plus rapidement possible aux centres de pressurage afin que son jus incolore ne soit pas taché par un contact prolongé avec les pellicules. Le pinot peut être vinifié seul ou se marier au pinot meunier pour produire un champagne blanc de noirs. Son vin peut aussi être assemblé à celui du chardonnay dans des proportions diverses. Les caractères organoleptiques des champagnes sont alors très différents, mais le pinot noir signe toujours sa présence par des arômes fruités. Ce cépage, déjà cité au XIVᵉ siècle par le poète Eustache Deschamps sous le nom de pynoz dans sa *Ballade de la Verdure des Vins*, singularise en outre les vins rouges tranquilles de Champagne. Ainsi des coteaux champenois dont les plus connus sont issus des communes de Bouzy, d'Ambonnay et d'Ay qui bénéficient d'une bonne exposition au soleil. Enfin, le pinot noir produit un singulier vin rosé sur la commune des Riceys. Seules les vieilles souches plantées sur les meilleures parcelles et aptes à produire des raisins suffisamment sucrés sont vendangées pour l'élaboration de ce vin déjà réputé à la cour de Louis XIV.
En Alsace, le pinot noir affectionne les sols calcaires des collines sous-vosgiennes. Si les Alsaciens ne lui ont pas accordé la vedette, préférant les riesling, gewürztraminer, pinot gris et muscat, ils n'en ont pas moins cherché à en magnifier les caractères par une meilleure extraction des composants lors de la vinification et un élevage en pièce de chêne. Outre des vins rosés, ils produisent ainsi des vins rouges fruités, assez structurés pour affronter une moyenne garde. On ne saurait enfin omettre la place du pinot noir dans l'élaboration du crémant d'Alsace.
Disséminé dans la vallée de la Loire, le pinot noir fait partie de l'encépagement rouge des diverses appellations de cette région – sancerre, menetou-salon, touraine rosé, crémant-de-loire – et de plusieurs VDQS régionaux. Il s'immisce également dans le vignoble jurassien sous le nom de gros noirien, aux côtés du trousseau pour produire des vins rouges et l'effervescent crémant du Jura. On le retrouve enfin dans le bugey, en complément de la mondeuse savoyarde et du gamay.

La romanée-conti

Exemple même d'un vin de pinot noir au potentiel infini, une romanée-conti ne se déguste qu'après dix ans de garde et peut s'attendre plus de vingt ans encore, lorsque la robe a atteint une teinte carminée. Au nez se déclinent des senteurs de mûre, de noyau de cerise, de violette, de truffe ou encore d'épices, tandis qu'en bouche se déploie une matière souple, élégante et intense.

Page de gauche : Le Clos de Vougeot, créé au début du XIIe siècle par les moines de l'abbaye de Cîteaux, est aujourd'hui encore un vrai clos de 50 hectares de pinot noir, ceint de murs.

Reconnaître le cépage

Le bourgeonnement du pinot noir est blanc, très duveteux. De taille moyenne, la feuille est orbiculaire, vert foncé, très grossièrement bullée et épaisse, avec trois lobes à peine distincts.
Le sinus pétiolaire est en lyre étroite. À l'automne, le feuillage prend une belle teinte jaune plus ou moins maculée de rouge. La grappe, petite et cylindrique, est rarement ailée. Dotée d'un pédoncule très dur, elle forme une masse compacte de baies rondes d'un noir bleuté ou violet foncé, recouvertes d'une pruine abondante. Sous une pellicule épaisse et riche en matières colorantes, la pulpe est peu abondante mais fondante.

Alias...

Le pinot noir admet de nombreuses dénominations : noirien, pinot fin, plant fin ou plant à bon vin en Côte-d'Or, morillon noir dans le Loir-et-Cher, orléans, plant noble ou noble joué en Touraine, plant doré en Champagne, gros noirien dans le Jura et en Suisse où l'on trouve également les noms de cortaillod et de klevner. En Allemagne, ce cépage est appelé blauer burgunder ou spätburgunder, tandis qu'en Europe de l'Est, il reçoit le nom de burgundi crni en Slovénie et en Croatie, et de burgundi mic en Roumanie.

Jusqu'en 1945, les vignes de la romanée-conti étaient cultivées franches de pied, c'est-à-dire non greffées. Elles étaient préservées du phylloxéra par des injections de sulfure de carbone. Aujourd'hui, la replantation des vignes s'effectue à partir des souches mères du vignoble.

Autour du monde

Le pinot noir est diversement répandu en Europe de l'Est pour produire des vins rouges de qualité ou des effervescents, mais c'est en Allemagne qu'il trouve une seconde patrie, s'étendant sur près de 6 800 hectares. Les vignerons allemands ont redécouvert le potentiel de ce cépage dénommé ici spätburgunder. Ils le vinifient parfois en un rare vin doux de vendanges tardives. Le pays de Bade représente deux tiers des superficies de pinot allemand, suivi du Palatinat, de la Hesse-Rhénane, du Wurtemberg et du Rheingau. En Suisse, le pinot noir se rencontre principalement dans les cantons alémaniques et, dans une moindre mesure, dans le canton de Neuchâtel où il est le seul cépage rouge autorisé, ainsi que dans le Valais où il s'allie avec le gamay pour donner la célèbre dôle. Dans le sud de l'Europe, les viticulteurs italiens et espagnols sont également parvenus à acclimater ce plant difficile aux régions les plus fraîches de leur pays : Trentin-Haut-Adige et Frioul pour l'un, Aragon, Catalogne et Valence pour l'autre.

Le pinot noir s'est en outre implanté dans les aires viticoles les plus septentrionales de l'Europe. Le vignoble britannique lui accorde en effet plus de 45 hectares, fait notable dans un pays où la production de vins rouges est limitée en raison du climat frais et humide.

L'incroyable voyage du pinot noir ne s'arrête pas aux frontières de l'Europe. Le cépage a trouvé outre-Atlantique des microclimats favorables pour s'exprimer, notamment aux États-unis dans l'Oregon et en Californie sous le climat frais et brumeux de Carneros dont il a forgé la réputation grâce à des vins rouges charnus ou à des vins effervescents. Plus au sud, l'Argentine et le Chili accordent une place croissante au pinot noir dans des vignobles irrigués. Mais aujourd'hui, l'innovation vient de l'Afrique du Sud, de la Nouvelle-Zélande et de l'Australie, pays qui ont vu leurs plantations de pinot noir augmenter sensiblement et qui ont obtenu des résultats prometteurs. La superficie mondiale de pinot noir parvient ainsi à quelque 63 000 hectares.

Le goût

Les vins de pinot noir portent une robe d'une belle couleur quoique peu intense – certains clones peuvent toutefois produire des vins plus sombres. Leur palette aromatique complexe perdure longtemps en bouche : petits fruits rouges et noirs dans leur jeunesse, cerise à l'eau-de-vie, gibier et cuir au vieillissement. Les vins titrent naturellement entre 10 et 12 % vol. Les tanins du pinot noir sont soyeux et fondus dans la matière. Selon les crus, les vins se prêtent à une garde de cinq à dix ans en moyenne, mais les vins des années exceptionnelles peuvent vieillir en bouteille plusieurs décennies dans certains crus. Après une longue garde, la couleur rubis évolue vers une teinte pelure d'oignon qui finit par se déposer sur le verre de la bouteille. Les meilleurs vins de pinot sont obtenus dans les terrains calcaires et marneux, uniquement sous des climats tempérés. En effet, dans les régions méridionales, les raisins mûrissent au moment des grandes chaleurs et donnent certes des vins très alcooliques mais dénués d'arômes typés ; dans ces contrées, seuls des vignobles d'altitude permettent d'obtenir une qualité acceptable.

Page de gauche : Le vignoble de Nierstein en Hesse-Rhénane, dans une boucle du Rhin.

Le pinot noir s'est forgé une réputation dans la région de Los Carneros, en Californie.

Le pays de Bade (ci-dessous, vignoble de Durbach) est le principal foyer du pinot noir en Allemagne.

Le poulsard

Le poulsard est un vieux cépage de Franche-Comté, déjà signalé en 1386 sous le nom de polozard. Il a fait la réputation des vins rouges ou rosés du Jura, et participe à une étonnante production : le vin de paille.

Les vins de paille du Jura
Une des grandes productions du Jura, le vin de paille naît de l'assemblage du poulsard, du chardonnay et du savagnin. Les baies sèchent naturellement sur un lit de paille jusqu'au mois de janvier. Une fois flétries, elles sont pressées et le jus fermente longuement. Le vin vieillit ensuite pendant trois ans, en bénéficiant d'un séjour de dix-huit mois sous bois. Il en résulte une teinte vieil or, des arômes subtils de fruits secs ou confits, une onctuosité agréable.

Reconnaître le cépage
Après un bourgeonnement aranéeux blanc à liseré carminé et de jeunes feuilles bronzées, la feuille du poulsard est profondément découpée en cinq lobes étroitement dentelés. De teinte vert bleuté, sa surface est unie ou grossièrement bullée. Le sinus pétiolaire est en U plus ou moins ouvert ; le dessous du limbe glabre avec les nervures pubescentes. La grappe, ronde et ailée, porte des baies ellipsoïdes, noir bleuté, charnues et à fine pellicule.

Alias...
Pelossard, ploussard, pleusard : le cépage doit ses divers noms à la couleur du raisin rappelant celle des prunelliers sauvages, ou pelosses en patois. Il est en outre appelé mescle ou mècle dans le Revermont ; ces dénominations, qui en patois de l'Ain signifient « mélange », se réfèrent à la couleur indéterminée des grains.

Découverte dans le vignoble

Le poulsard est un plant délicat, à débourrement précoce. Il craint les gelées de printemps et se montre coulard par temps froid et pluvieux. Ce petit producteur peu vigoureux et peu fertile est en outre sensible aux maladies : mildiou, oïdium, pourriture grise. Son raisin est très bon pour la table, mais sa peau fine se fend aisément durant les transports, ce qui nuit à sa commercialisation.

En France

Ce cépage occupe un peu plus de 300 hectares dans l'Hexagone, concentrés dans le Jura, l'Ain et le Doubs. Il entre dans l'encépagement des aires d'appellations arbois et côtes-du-jura, où il produit des vins rouges ou rosés légers et aromatiques. Les terres marneuses de la commune de Pupillin lui réussissent particulièrement. En AOC l'étoile, le poulsard est vinifié en blanc, en complément du chardonnay et du savagnin. Il participe ainsi à l'élaboration des vins tranquilles ou effervescents de cette appellation. Sur les basses pentes des monts du Jura occupées par le vignoble du VDQS bugey, ce cépage est réservé aux vins effervescents de Cerdon.

Le goût

Rouge pâle ou rose intense ? Le vin rouge de poulsard est peu coloré dans sa jeunesse, mais prend en vieillissant une belle teinte pelure d'oignon. S'il est souvent vinifié seul, il peut toutefois s'assembler au trousseau et au pinot noir, le premier apportant plus de structure, le second plus de couleur, les deux une palette fruitée. L'élevage sous bois ne dure jamais plus d'une année afin de respecter le style de ce vin clairet, peu tannique et frais comme un rosé. Vinifié en blanc, il apporte à l'étoile une agréable rondeur en bouche et beaucoup de finesse aromatique.

Le vignoble des côtes-du-jura alterne avec les prairies et les forêts. Le poulsard est mis à rude épreuve sous ce climat continental.

Le riesling

Le riesling est un cépage noble qui a fait la réputation des vins du Rhin, de la Moselle et de l'Alsace. Sa culture en Allemagne remonterait à l'occupation romaine, tandis qu'en Alsace les premières plantations auraient été réalisées au IXe siècle.

Exposé au sud, le grand cru alsacien Muenchberg, dans la Bas-Rhin, est presque exclusivement planté de riesling.

Découverte dans le vignoble

Cépage à débourrement et à maturation tardive, le riesling doit être planté sur des coteaux bien exposés au soleil dans les vignobles septentrionaux. Les vendanges peuvent ainsi avoir lieu vers la mi-octobre. Pour ne pas trop retarder la maturité, il est bon de réserver ce plant aux sols peu riches, voire caillouteux. Le riesling résiste bien aux gelées d'hiver si fréquentes en Alsace ou en Allemagne.

En France

En dehors de quelques plantations en Languedoc dans la région d'Aigues-Mortes, le riesling ne se rencontre qu'en Alsace, où il couvre plus de 20 % du vignoble. Sa culture est en expansion, avec plus de 3 400 hectares en ce début de troisième millénaire. Ce cépage prospère dans les terroirs d'arènes granitiques exposés sud-sud-est où il acquiert non seulement d'agréables arômes floraux et fruités mais aussi des nuances minérales qui se révèlent au vieillissement. Il donne ses plus beaux résultats dans les grands terroirs. Si dans le Bas-Rhin le riesling mérite une mention spéciale à Altenberg de Wolxheim et à Zotzenberg, c'est à Kastelberg et Wiebelsberg qu'il se distingue comme le seul cépage utilisé. Dans le Haut-Rhin, il atteint des sommets dans le Schlossberg et sur les fortes pentes exposées au sud de Sommerberg. On le retrouve dominant dans le Brand et le Pfingstberg, ainsi que sur les terroirs gréseux de Kitterlé, marno-sableux de Saering, ou volcaniques du Rangen de Thann.
Le riesling est l'un des quatre cépages alsaciens (avec le gewürztraminer, le pinot gris et le muscat) à être vinifiés en vendanges tardives et en sélection de grains nobles. Toutefois, les rieslings de sélection de grains nobles sont relativement rares, le raisin ayant une peau épaisse peu sensible à l'action du champignon *Botrytis cinerea*. Et si les pinot gris et gewürztraminer voient leurs caractères modifiés par la surmaturation, le riesling conserve remarquablement sa personnalité.

Autour du monde

C'est en Allemagne qu'il faut rechercher la patrie du riesling. Là, il est le deuxième cépage blanc cultivé, s'étendant sur plus de 22 000 hectares. On le rencontre principalement sur les terrasses de la vallée du Rhin et de ses affluents, la Moselle, la Nahe et le Neckar, qui réfléchissent les rayons du soleil sur les ceps. Ses foyers sont la Moselle-

Saar-Ruwer, le Palatinat et plus encore le Rheingau où ce cépage représente 85 % du vignoble. Les vins produits peuvent être secs, liquoreux (*Auslese, Beerenauslese* ou *Trockenbeerenauslese*) ou bien issus de raisins gelés sur souche : les fameux vins de glace ou *Eisweine*. Au cœur de la Saar, le producteur Egon Müller produit sur la colline de Scharzhofberg, à l'est du village de Wiltingen, un riesling d'une incomparable intensité. Les fortes pentes favorisent la maturation du raisin dans cette région au climat pourtant difficile. Le Scharzhofberg est ainsi l'un des rares terroirs de Saar où l'on puisse élaborer

La colline de Scharzhofberg, dans la région de Moselle-Saar-Ruwer, domine le village de Wiltingen. Sur 15 hectares de sols schisteux très pentus, le riesling est planté en rangs serrés, à une densité de 8 000 pieds à l'hectare.

Ci-dessus, le Schloss Johannisberg est un célèbre terroir du Rheingau. Depuis 1720, le riesling y règne en maître.

Le riesling du Schloss Johannisberg

Implanté en coteau au-dessus du Rhin, le vignoble du Schloss Johannisberg, qui fut propriété de Metternich, est le symbole du riesling, à tel point que ce cépage est appelé johannisberg dans de nombreux pays. Selon la légende, c'est sur ce terroir qu'à l'automne 1775 on découvrit par le plus grand des hasards la magie de la pourriture noble et la possibilité d'élaborer des vins liquoreux. Aujourd'hui, les 35 hectares du Schloss Johannisberg sont entièrement voués au riesling. Les vins dévoilent un grand équilibre entre richesse et acidité.

Reconnaître le cépage

Le bourgeonnement du riesling est duveteux, blanc verdâtre et les jeunes feuilles aranéeuses, jaunâtres à reflets bronzés. Épaisse et grossièrement bullée, la feuille présente une forme orbiculaire. Le sinus pétiolaire est à bords parallèles ou souvent superposés, tandis que le dessous du limbe est aranéeux-pubescent. La grappe, presque cylindrique, est portée par un pédoncule court et dur ; de petites baies rondes forment une masse compacte d'une belle couleur vert clair à jaune doré. À complète maturité, leur peau épaisse se parsème de taches brun roux. Leur saveur est finement aromatique.

Alias...

En Alsace, le riesling est parfois dénommé riesling rhénan et gentil aromatique. Les Allemands le nomment aussi Rhein riesling ou johannisberg, et les Suisses, petit rhin.

des *Beerenauslesen* (vins de vendanges tardives).
Le riesling poursuit sa route dans toute l'Europe, en Suisse dans le canton du Valais, en Autriche dans le Wachau, dans divers pays d'Europe de l'Est, en Ukraine et en Russie où il produit des vins effervescents. Le Nouveau Monde l'a adopté avec plus ou moins de succès. En Australie-Méridionale, les terroirs d'altitude de Clare Valley et d'Eden Valley ont donné naissance à des vins à forte teneur en alcool, mais c'est sous le climat frais de Nouvelle-Zélande que le riesling parvient à l'élégance. Sur le continent américain, ce cépage est notamment cultivé aux États-Unis, en Californie et dans l'État de Washington, ainsi qu'au Canada, en Colombie-Britannique et en Ontario. Les vins secs et les vins de glace (*icewines*) atteignent une belle qualité. Plusieurs pays d'Amérique du Sud, dont l'Argentine, ainsi que l'Afrique du Sud ont également introduit le riesling.
En parcourant les vignobles du monde, on rencontre nombre de faux rieslings dont le vin est néanmoins vendu comme vin de riesling. La confusion la plus courante est faite avec le riesling italico multiplié dans les Balkans et l'ex-Yougoslavie, mais on peut aussi citer le Clare riesling d'Australie ou le grey riesling de Californie.

Le goût

Le vin de riesling possède une gamme aromatique caractéristique qui se développe intensément lorsque le raisin est issu de certains terroirs de la Moselle et du Rheingau : schistes ardoisiers et sols argileux. Le riesling produit généralement des vins secs qui évoluent lentement et se conservent une dizaine d'années, voire davantage. La palette décline des notes citronnées qui rafraîchissent agréablement les senteurs de fleurs, de fruits confits, de pêche et de tilleul. Une nuance minérale signe l'influence des terroirs granitiques. Celle-ci peut prendre des allures « pétrolées » avec l'âge. En bouche, la structure acide supporte bien la richesse des arômes et fait des rieslings secs des vins élancés et racés. Elle équilibre également les vins de vendanges tardives et de sélection de grains nobles.
Les rieslings allemands se distinguent de leurs cousins alsaciens par une moindre puissance alcoolique et une plus grande vivacité, mais leur fruité intense permet de modérer cette sensation. Les vins moelleux ou liquoreux conservent grâce à cette ligne vive beaucoup d'élégance.

La roussanne

Cépage de la vallée du Rhône et de la Savoie, la roussanne est appréciée pour les arômes intenses et élégants qu'elle lègue aux vins. Sa culture difficile a rebuté un temps les vignerons, mais son indéniable qualité lui vaut aujourd'hui un nouvel engouement.

Le vin-de-savoie Chignin-bergeron

Le Chignin-bergeron possède plus de fraîcheur que les vins de la vallée du Rhône issus de la roussanne. Il n'en présente pas moins un titre alcoométrique assez élevé et une sensation moelleuse en bouche. Lorsque le raisin a été vendangé par tries successives, le vin libère des arômes de fruits confits, de figue et de fruits secs.

Reconnaître le cépage

Après un bourgeonnement cotonneux blanc à liseré carminé, la feuille de la roussanne est grande, orbiculaire et épaisse. Elle présente un aspect bullé et tourmenté. Le sinus pétiolaire est en lyre, à bords superposés, et le dessous du limbe pubescent. La grappe ronde et compacte porte de petites baies sphériques, peu juteuses, dont la teinte d'abord blanc doré passe au roux à maturité complète.

Alias...

La roussanne a acquis une solide réputation en Savoie sous le nom de bergeron.

Découverte dans le vignoble

La roussanne est une variété au débourrement tardif. Malheureusement, sa production est faible, parfois irrégulière, ne dépassant pas 40-50 hectolitres par hectare et sa maturité est un peu tardive pour la vallée du Rhône. Ce cépage est en outre sensible à l'oïdium et à la pourriture grise.

En France

La culture de la roussanne est en expansion dans l'Hexagone : son vignoble est de 1 100 hectares. Ce cépage fait partie des appellations rhodaniennes hermitage et crozes-hermitage, saint-péray, saint-joseph, châteauneuf-du-pape et côtes-du-rhône. Il bénéficie des meilleures conditions sur les terrasses caillouteuses de l'hermitage, recouvertes d'alluvions, dans les quartiers de Rocoules et Méal. Certes, il constitue dans la majorité des cas un faible pourcentage des assemblages, la marsanne étant majoritaire car plus productive, mais quelques cuvées d'hermitage et de crozes-hermitage reposent sur les seules qualités de cette variété noble.

En saint-joseph, marsanne et roussanne ne représentent que 10 % du vignoble et se concentrent entre Châteaubourg et Saint-Jean-de-Muzols, l'aire historique de l'appellation. On retrouve ce couple sur les arènes granitiques de saint-péray. Là, la roussanne est appréciée pour l'élaboration des vins tranquilles et peut être vinifiée seule. Plus au sud, elle est assemblée au grenache blanc et à la clairette pour la production de châteauneuf-du-pape ; elle lègue au vin ses arômes intenses.

Appelée bergeron en Savoie, la roussanne produit des vins blancs remarquables dans le cru Chignin, au pied des Bauges. Son vin est connu sous le nom de Chignin-bergeron.

En Savoie, la roussanne s'illustre dans les vins des coteaux de Chignin.

Autour du monde

En Italie, la roussanne est recommandée en Toscane dans la province de Lucques, où elle fait partie de l'appellation (DOC) Montecarlo, en association avec le cépage trebbiano. Quelques plantations existent en Californie et en Australie dans l'État de Victoria. La superficie mondiale de roussanne atteint ainsi 1 500 hectares.

Le goût

La roussanne produit des vins fins et bouquetés, dont les arômes évoquent le miel, l'abricot et l'aubépine. Sa bonne acidité assure en outre aux assemblages une aptitude à la garde.

Le sauvignon

Mondialement cultivé, le sauvignon s'est d'abord distingué comme le cépage blanc du Bordelais et de la vallée de la Loire. À l'origine de grands vins liquoreux ou de vins blancs secs très parfumés, il s'est ensuite répandu dans les autres régions viticoles, séduites par son caractère reconnaissable entre tous.

Découverte dans le vignoble

Ce cépage bordelais, vigoureux et au débourrement moyen, s'avère peu fertile. En effet, il coule fréquemment par excès de vigueur ou en raison d'un mauvais état sanitaire. Toutefois, on dispose de clones de qualité, plus productifs, dont les rendements sont compris entre 50 et 100 hectolitres par hectare. Le sauvignon est en outre très sensible à certaines maladies, dont l'oïdium et la pourriture grise.

En France

La culture du sauvignon est en progression constante dans l'Hexagone, passant de 5 500 hectares en 1958 à plus de 23 200 hectares en 2006. Dans le Bordelais et le Sud-Ouest, les vignerons obtiennent de grands vins liquoreux en AOC sauternes, barsac, loupiac, sainte-croix-du-mont, bergerac et monbazillac, ainsi que quelques vins blancs secs, tel le bergerac. Le sauvignon est alors assemblé avec le sémillon et la muscadelle. Dans la vallée de la Loire, le sauvignon est vinifié seul pour la production de vins secs, particulièrement aromatiques dans les aires de pouilly-fumé, sancerre, quincy et reuilly. Il entre aussi dans l'élaboration du VDQS haut-poitou et de certains vins de pays, notamment dans les Charentes.

Le vignoble de sancerre couvre des coteaux de terres blanches, de calcaires durs et d'argiles à silex, tournés vers la Loire.

En Bourgogne, on produit un vin blanc sec léger et très agréable. Il s'agit du sauvignon-de-saint-bris en Auxerrois, seul vin bourguignon à porter le nom d'un cépage avec le bourgogne-aligoté. Le sauvignon n'est apparu ici qu'au début du XXe siècle, après la crise phylloxérique. Dans le sud de la France, le sauvignon fait partie de l'encépagement des AOC bandol et cassis, tandis que dans le Languedoc sa culture a pris un grand essor depuis quelques années pour la production de vins de pays d'Oc.

Autour du monde

Comme les autres grands cépages français de qualité, le sauvignon a été planté dans tous les pays viticoles. En Italie, il est principalement cultivé dans les provinces de Vicence en Vénétie et de Parme en Émilie-Romagne, ainsi que dans les régions du Frioul et du Haut-Adige. En Espagne, il est implanté dans le Penedès et autorisé pour la Catalogne et la Castilla-León. On le retrouve aussi au Portugal dans le Douro et le Minho notamment, ainsi que dans divers autres pays d'Europe.

Aux États-Unis, le sauvignon est présent en Californie, dans les États de l'Oregon, de Washington, de New York et de Géorgie. Il doit beaucoup au producteur californien Robert Mondavi qui, dans les années 1970, obtint un succès retentissant en lançant son Fumé Blanc, un vin sec de sauvignon élevé sous bois.

Le sauvignon apparaît également au Canada, au Mexique, au Chili, en Argentine, au Brésil, en Uruguay et en Bolivie. Cependant, dans beaucoup de pays américains, les superficies annoncées en sauvignon ne correspondent pas en totalité à ce cépage en raison de plusieurs erreurs ampélographiques. C'est ainsi qu'au Chili et en Argentine, on a longtemps trouvé la sauvignonasse sous le nom de sauvignon. De même en Californie, à côté du véritable sauvignon appelé parfois savagnin musqué, on cultivait un sauvignon vert qui correspondait en réalité à la muscadelle. Outre des plantations à Chypre et en Israël, le sauvignon est cultivé en Afrique du Sud avec succès, en Australie et en Nouvelle-Zélande. Ce dernier pays a forgé sa réputation vinicole grâce aux vins très fruités et légèrement perlants issus de ce cépage. Ceux de Marlborough, au nord de l'île du Sud, se rangent parmi les meilleurs vins du monde. La superficie mondiale de sauvignon atteint ainsi près de 50 000 hectares dans le monde.

Le goût

L'arôme variétal du sauvignon est une odeur de buis et de bourgeon de cassis écrasé. D'une grande finesse (à la différence de l'arôme sauvage et « matousé » – de pipi de chat – qui caractérise ce cépage lorsque son raisin n'est pas suffisamment mûr), celui-ci existe sous forme de précurseur inodore dans les baies ; il ne se révèle et ne se développe que pendant la fermentation mais jamais après un court séjour sur lies ou durant le vieillissement en bouteille.

Les vins de Loire issus du sauvignon ont une couleur or pâle. Aux notes typiques de bourgeon de cassis s'ajoutent celles, plus complexes, de fleurs et de fruits blancs citronnés. En bouche, la vivacité des arômes s'allie à une matière souple.

Dans les vins liquoreux du Bordelais, un petit pourcentage de sauvignon apporte des arômes très frais qui équilibrent les chauds accents du sémillon botrytisé. En sauternes, ce cépage représente généralement entre 10 et 20 % de l'assemblage, le sémillon étant majoritaire.

Le sancerre

En sancerre, le sauvignon traduit bien l'influence des terroirs : terres blanches ou marnes calcaires, calcaires durs ou caillottes, argiles à silex. Ainsi exprime-t-il des arômes de narcisse dans les premiers, des notes de cassis ou de buis dans les deuxièmes, des nuances de genêt et de pierre à silex dans les troisièmes. En bouche, les vins des terres blanches sont charpentés et révèlent leurs arômes au fil du temps ; ceux des caillottes sont plus légers et élégants, ceux des argiles à silex plus fermes et charpentés.

Reconnaître le cépage

Le bourgeonnement du sauvignon est cotonneux blanc à liseré carminé et les jeunes feuilles duveteuses, jaunâtres avec quelques reflets bronzés. La feuille, petite et orbiculaire, présente un aspect tourmenté, presque frisé et grossièrement bullé. Ses cinq lobes sont profondément découpés. Le sinus pétiolaire est en lyre ouverte et le dessous du limbe duveteux. La grappe, également de petite taille, prend une forme tronconique et compacte, avec parfois un aileron. Les petites baies ovoïdes acquièrent une belle couleur jaune d'or à maturité complète. Sous leur pellicule épaisse, on découvre une pulpe fondante dont la saveur rappelle celle du muscat.

Alias...

Le sauvignon est appelé blanc fumé ou tout simplement fumé dans la Nièvre, et parfois surin en Loir-et-Cher. En Australie et en Californie, il est connu sous le nom de blanc fumé ou de sauvignon blanc. On trouve aussi les noms de feigentraube (raisin figue) en Allemagne, muskat sylvaner en Autriche, muskatani silvanec en Croatie et en Slovénie, ou encore gros sauvignon en Russie.

Page de gauche : Au cœur du vignoble auxerrois, le village de Saint-Bris-le-Vineux consacre le sauvignon. Le sauvignon-de-saint-bris est un proche cousin des vins de la Loire ; le Sancerrois (ci-contre) n'est pas très éloigné de ce terroir.

Le sémillon

Si le sémillon reste en France le deuxième cépage blanc le plus planté après l'ugni blanc, ses superficies sont en constante régression. Ce prestigieux cépage reste fidèle à la Gironde et, plus généralement, au Sud-Ouest, où il produit tous les grands vins blancs d'appellation de cette région.

Découverte dans le vignoble

Ce cépage bordelais est vigoureux et productif. Son débourrement s'étale dans le temps, ce qui permet, en cas de gelée printanière, de disposer de quelques bourgeons en réserve. Le sémillon présente aussi l'avantage d'être peu sensible à la coulure, au mildiou et à l'oïdium, mais dans les années pluvieuses il craint beaucoup la pourriture grise. Les vignerons ont tout intérêt à limiter les rendements pour obtenir une vendange de qualité supérieure et d'une grande richesse en sucres ; tel doit être le cas en Sauternais où ce cépage constitue le fonds du vignoble.

En France

La culture du sémillon se limitait à 12 600 hectares en 2006 contre 35 993 hectares en 1958. Il n'en reste pas moins le cépage majoritaire des grands vins liquoreux du Bordelais : sauternes-barsac, sainte-croix-du-mont, loupiac, cérons, cadillac. Sous l'action du champignon *Botrytis cinerea* et à la faveur de brouillards matinaux suivis d'après-midi ensoleillés, la pourriture noble se développe sur ses baies à la pellicule épaisse : on assiste alors à une diminution sensible du volume de la vendange (moins de 20 hectolitres par hectare) et à un enrichissement notable en sucres dans les raisins que l'on récolte par tries successives (en plusieurs fois). Toujours associé au sauvignon et à la muscadelle, le sémillon est également à l'origine de vins blancs secs ou moelleux, et d'un vin mousseux, le crémant-de-bordeaux. Cependant, son expression est alors moins caractéristique. En Dordogne, le sémillon occupe une place prépondérante dans les vignobles du Bergeracois, non seulement pour les vins liquoreux de monbazillac et de saussignac, mais aussi pour les bergerac secs qui possèdent une ligne aromatique fruitée et un corps élégant.

Autour du monde

Dans le monde, le sémillon est très utilisé dans les nouveaux vignobles, notamment au Chili et en Argentine pour la production de vins secs, ainsi qu'aux États-Unis en Californie et dans l'État de Washington.
En Afrique du Sud, il était autrefois le principal cépage blanc cultivé, sous le nom de Wyndruif (vigne à

Le Botrytis cinerea, ou pourriture noble, se développe sur les grains de raisin et concentre les sucres à l'intérieur des baies.

Les brumes matinales caractéristiques du microclimat de la région du Ciron font naître les grands barsac (ci-dessus, le château Dudon). Loupiac (ci-contre) est une commune sans village : l'église du XIIe siècle est isolée, entourée de vignes.

vin), et demeure aujourd'hui encore un plant d'importance. En Australie, le sémillon est cultivé principalement dans la Hunter Valley en Nouvelle-Galles du Sud. Ses vins secs atteignent une excellente qualité, avec un potentiel de garde de plus de dix ans. En Europe, le sémillon est en revanche moins répandu. Sa culture couvre ainsi près de 28 000 hectares dans le monde.

Le goût

Le sémillon possède une gamme aromatique plus discrète que son compagnon de cuve, le sauvignon, et peu d'acidité. Il n'en délivre pas moins des notes reconnaissables de miel, de cire d'abeille et de fruits secs après quelques années de

Le sauternes

Vêtu d'or dans sa jeunesse, le sauternes prend des tons presque ambrés au vieillissement. La pourriture noble marque le nez de ses nuances rôties qui se mêlent aux arômes d'amande, de noisette, de miel, d'abricot et de poire mûre, de fleur d'acacia. La bouche ne doit jamais sembler lourde, la composante sucrée étant contrebalancée par la fraîcheur.

garde, et apporte beaucoup de rondeur en bouche, qui s'équilibre avec la fraîcheur du sauvignon. Parce que ce cépage est très sensible aux rendements, la qualité de ses vins s'en ressent notablement lorsque les volumes produits dépassent 50 hectolitres à l'hectare.

Reconnaître le cépage

Le bourgeonnement du sémillon est cotonneux blanc à liseré carminé, et les jeunes feuilles duveteuses, jaunâtres, bronzées sur les bosselures. La feuille est orbiculaire, tourmentée et épaisse. Ses cinq lobes sont profondément découpés. Le sinus pétiolaire est en lyre ouverte, le dessous du limbe aranéeux. La grappe, cylindrique et ailée, forme une masse compacte : les baies rondes présentent une teinte blanc doré et deviennent même rosées à maturité complète. Elles sont recouvertes d'une peau épaisse et renferment un jus abondant, à saveur légèrement musquée.

Alias...

Le sémillon est parfois appelé sémillon muscat à Sauternes, sémillon roux et gros sémillon en Gironde. On le rencontre sous le nom de greengrape en Afrique du Sud, en raison de son feuillage d'un vert très vif. En Australie, il peut être dénommé Hunter River riesling, mais ce nom désigne aussi le chenin dans ce pays.

Château d'Yquem bénéficie certes d'un microclimat favorable à une production de haute qualité, mais la constante exigence de la famille Lur-Saluces contribue à la magie de ce sauternes : chaque pied de vigne ne produit jamais plus d'un verre d'Yquem.

Le sylvaner

Généralement considéré comme un cépage d'origine autrichienne, le sylvaner serait, pour certains ampélographes, natif de Transylvanie, ce qui lui valut les noms de Sylvanertraube, de salvaner et, finalement, de sylvaner. Il est aujourd'hui répandu en Allemagne et en Alsace.

Découverte dans le vignoble

Le sylvaner débourre tôt et se montre vigoureux. Régulièrement fertile et conduit en taille longue, il produit en moyenne de 60 à 80 hectolitres à l'hectare en coteau ; les rendements peuvent même dépasser 150 hectolitres en plaine. C'est ainsi que ce cépage a longtemps alimenté le marché des vins de consommation courante. La résistance du sylvaner aux gelées de printemps n'est que moyenne et ses bois sont sensibles aux gelées d'hiver. Sa végétation craint en outre les maladies.

En France

La culture du sylvaner a légèrement diminué dans l'Hexagone pour atteindre aujourd'hui 1 650 hectares. Elle se limite à l'Alsace où ce plant, introduit au XVIIe siècle, fait partie de l'encépagement de l'appellation alsace et se concentre davantage dans le Bas-Rhin que dans le Haut-Rhin. La région de Barr a longtemps gardé la réputation de produire des vins de sylvaner frais et légers, mais ce cépage peut donner des vins plus complexes lorsqu'il est planté sur des sols profonds et sous de bonnes expositions. S'il n'a pas droit à l'appellation alsace-grand cru, ses résultats sont particulièrement probants dans le terroir du Zotzenberg à Mittelbergheim. Dans le Haut-Rhin, le cru Zinkoepflé donne lui aussi des lettres de noblesse au sylvaner.

Reconnaître le cépage

Après un bourgeonnement duveteux blanc à liseré carminé et de jeunes feuilles duveteuses, jaunâtres, la feuille du sylvaner est presque ronde, unie ou à peine bullée, et tourmentée. Elle peut être entière ou présenter trois lobes peu marqués. Le sinus pétiolaire est en lyre étroite ou fermée, le dessous du limbe pratiquement glabre. La grappe, cylindrique ou légèrement conique, ne possède généralement pas d'aileron. Ses baies rondes sont recouvertes d'une peau peu épaisse, verte ponctuée de points bruns et devenant jaune doré sous une bonne exposition. La pulpe juteuse a une saveur neutre, un peu acidulée.

Alias...

En Suisse, le sylvaner est appelé gros rhin à Genève, gros riesling et plant du Rhin dans le canton de Vaud, johannisberg et grande arvine dans le Valais. En Californie, on trouve les noms de Franken riesling, Monterey riesling ou Sonoma riesling. L'orthographe germanique de ce cépage est silvaner.

Autour du monde

En Allemagne, le sylvaner occupait avant 1960 la première place du vignoble (24 000 hectares), devant le riesling et le müller-thurgau. Depuis, son importance s'est réduite au profit de ces autres cépages. En 1996, le sylvaner représentait plus de 7 420 hectares répartis entre la Hesse rhénane, le Palatinat, la Franconie où il acquiert sa plus belle expression, la Nahe, le pays de Bade et le Wurtemberg. En Suisse, on produit dans le Valais une spécialité dénommée Johannisberg qui allie l'acidité typique du cépage à une bonne rondeur. En outre, on peut trouver en Suisse romande des plants de sylvaner généralement cultivés en treilles contre les murs.
Ce cépage est diversement implanté en Italie, au Luxembourg, en Hongrie autour du lac Balaton, en Slovénie et dans d'autres pays d'Europe de l'Est. En Californie, quelques plantations sont entretenues dans le comté de Monterey ; le vin est commercialisé sous le nom de Monterey riesling. Enfin, le sylvaner est également présent en Australie, en Nouvelle-Zélande, en Afrique du Sud et en Argentine. Sa superficie mondiale atteint ainsi près de 12 000 hectares.

Le goût

Il existe deux qualités de sylvaner : un vin peu alcoolique, simple et désaltérant ; un vin délicatement floral (acacia, fleurs blanches), souligné de notes citronnées. Pour les meilleurs d'entre eux – souvent issus de sols calcaro-gréseux –, une petite garde de trois ans permet de développer des nuances minérales plus complexes. Le vin de sylvaner conserve toujours une certaine acidité en bouche.

La syrah

On ne sait rien de précis sur l'histoire de la syrah, grand cépage de la vallée du Rhône. Pour les uns, elle viendrait de la ville de Schiraz en Iran ; la légende ajoute que les ceps auraient été rapportés des croisades par le chevalier de Stérimberg qui se retira en 1224 sur le coteau de l'Hermitage. Pour d'autres, l'introduction des plants de syrah en France remonterait au IIIe siècle, lorsque l'empereur Probus permit la reprise des plantations de vignes en Gaule. Enfin, certains invoquent une origine rhodanienne.

Découverte dans le vignoble

La syrah débourre assez tardivement et présente une fertilité plutôt faible. Il serait vain de chercher à augmenter les rendements car cela entraînerait une moindre qualité du vin produit et une baisse du potentiel aromatique. La syrah est en outre sensible à diverses maladies et parasites, et ses rameaux se cassent facilement sous l'action des vents violents.

En France

La culture de la syrah en France a littéralement explosé depuis les années 1960 passant de 1 603 hectares en 1958 à 67 800 hectares en 2006. Ce plant entre non seulement dans l'encépagement de nombreuses appellations d'origine contrôlée de vins rouges mais aussi dans celui destiné à la production de vins monocépages rouges ou rosés.

La syrah trouve son berceau dans la vallée du Rhône septentrionale, au fil des appellations côte-rôtie, cornas, hermitage, crozes-hermitage et saint-joseph. Les pentes vertigineuses descendant vers le Rhône forment un cadre majestueux, mais créent aussi des conditions de culture difficiles pour les vignerons. Ceux-ci ont dû façonner le paysage, aménageant depuis des siècles des terrasses retenues par des murs de pierre sèche : les cheys. Ici, la mécanisation est réduite à sa plus simple expression : un treuil qui remonte et descend les paniers à vendanges. Les souches de syrah se dressent sur des échalas, deux par deux comme en saint-joseph ou seules comme en cornas. Selon les terroirs, la syrah exprime différemment son caractère. Il en est ainsi en côte-rôtie, où elle se fait tendre et élégante dans la Côte Blonde, plus corsée dans la Côte Brune.

Plus au sud, on a beaucoup planté la syrah, qui n'existait qu'à petite échelle dans certains domaines de châteauneuf-du-pape. De même, dans la première moitié du XXe siècle, la syrah n'était présente qu'en AOC côtes-du-rhône, mais un effort considérable a été fait pour étendre la culture de ce cépage. Aujourd'hui, la syrah se rencontre ainsi dans les costières-de-nîmes, coteaux-du-languedoc, faugères, saint-chinian, corbières, minervois ou encore côtes-du-roussillon, sans compter les plantations réalisées pour la production de vins de pays d'Oc.

En côte-rôtie (ci-contre), la syrah produit des vins élégants sur des sols de gneiss. Le coteau de l'Hermitage (en haut) bénéficie d'une parfaite exposition au sud et d'un terroir d'arènes granitiques.

La mécanisation des travaux de la vigne se réduit à sa plus faible expression sur les pentes abruptes de l'Hermitage.

Page de droite : La syrah est le principal cépage rouge d'Australie, sous le nom de shiraz. Les vins de la Barossa Valley et de la Hunter Valley sont les plus réputés.

L'hermitage

Rouge grenat dans sa jeunesse, l'hermitage développe des arômes de fruits rouges subtilement épicés. En vieillissant, il gagne des nuances florales de violette, accompagnées d'odeurs de fruits cuits (pruneau) et de sous-bois. La bouche possède certes une structure tannique puissante mais le grain des tanins acquiert du soyeux après cinq ans de garde. L'hermitage peut supporter dix ans de vieillissement selon les millésimes et les terroirs.

Reconnaître le cépage

Après un bourgeonnement cotonneux blanc à liseré carminé, la feuille de la syrah, orbiculaire, présente un aspect bullé et tourmenté, souvent ondulé. Ses cinq lobes sont moyennement marqués. Le sinus pétiolaire est en lyre plus ou moins fermée, le dessous du limbe duveteux-pubescent. À l'automne, le feuillage rougit partiellement sur les bords du limbe. La grappe est cylindrique et parfois ailée. Ses petites baies ovoïdes, d'un noir bleuté, se serrent en une masse compacte. Leur pellicule fine mais assez résistante est recouverte d'une pruine abondante. Leur chair fondante possède un goût agréable.

Alias...

Le nom de syrah admet différentes variantes orthographiques, telles que sirah, syra ou encore schiras. En côte-rôtie, on trouve parfois le nom de serine. Ce cépage est connu en Australie sous le nom de shiraz et d'hermitage, en référence au célèbre vignoble français.

Autour du monde

La syrah a gagné les faveurs de vignerons de plusieurs pays viticoles. Elle fut introduite en Australie dès le XIXe siècle et connut des destinées diverses sous le nom de shiraz, en Nouvelle-Galles du Sud et en Australie-Méridionale. En effet, elle est capable de produire des vins communs lorsque les rendements ne sont pas maîtrisés, mais aussi des vins riches d'une grande longévité, tel ce vin dénommé Grange, élaboré par l'entreprise Penfolds dans ses caves de Nuriootpa, dans la Barossa Valley, et de Magill Estate, aux environs d'Adélaïde. Dans les années 1950, Max Schubert, directeur technique de la maison, revint d'un séjour en Médoc avec l'idée d'élaborer un grand vin de garde, vinifié selon les méthodes bordelaises et élevé sous bois. Il y parvint assurément et donna au vignoble australien son porte-drapeau. On retrouve la syrah en Afrique du Sud, avec des résultats prometteurs, en Argentine, au Mexique et en Californie, dans les comtés de Mendocino et de Sonoma. En Europe, l'Italie et la Suisse affectionnent ce cépage. Ce dernier pays obtient de beaux vins dans le canton du Valais. La culture de la syrah dans le monde couvre ainsi 80 000 hectares environ.

Le goût

Le vin de syrah est très coloré, riche en tanins. Le cornas, par exemple, affiche une robe si sombre qu'il est qualifié de « vin noir ». La violette caractérise la palette aromatique qui évolue selon les terroirs vers des accents poivrés ou fumés. La syrah, vinifiée seule, peut produire des vins de garde moyenne comme le crozes-hermitage et certains saint-joseph, ou bien des crus aptes à un long vieillissement tels les hermitage, côte-rôtie et cornas. Les vins, généralement élevés sous bois, doivent patienter pour équilibrer leur charpente et arrondir leur trame tannique.

L'ugni blanc

Originaire d'Italie, l'ugni blanc demeure le premier cépage blanc cultivé en France. S'il est plus connu pour l'élaboration des cognac et armagnac, il participe également à la production de vins d'appellation d'origine et de vins de pays.

« L'abeille n'a pas de miel plus doux, il brille comme un diamant limpide et sent le romarin, la bruyère et la myrte qui recouvre nos collines », écrivait le poète Frédéric Mistral des vins de Cassis.

Découverte dans le vignoble

L'ugni blanc est un cépage très vigoureux. Son débourrement tardif le préserve des gelées printanières. En revanche, ce cépage est très sensible aux gelées d'hiver : celles de 1956, par exemple, ont été responsables de destructions considérables en Languedoc. Il craint également les nématodes dans les terrains sablonneux du littoral, lorsqu'il est planté franc de pied (c'est-à-dire non greffé), mais il résiste bien à l'oïdium et à la pourriture grise, ce qui lui a permis de supplanter la folle blanche en Charente. S'il s'accommode de toutes les tailles, il faut cependant tenir compte de la sensibilité de ses rameaux au vent ; ceux-ci se décollent en outre aisément du vieux bois. L'ugni blanc produit régulièrement dans le Midi, de 100 à 150 hectolitres à l'hectare, avec des degrés satisfaisants (de 11 à 12 % vol.), alors que dans le vignoble de Cognac, les rendements demeurent élevés mais les degrés alcooliques sont beaucoup plus faibles (de 7 à 9 % vol.) puisque ce cépage italien, à maturité tardive, se trouve à la limite septentrionale de sa culture. Les raisins d'ugni blanc ne sont pas bons pour la table car les grains sont trop petits. Toutefois, comme ils se conservent bien l'hiver, ils se passerillent et deviennent alors plus agréables à manger.

En France

Entre 1958 et 1983, l'ugni blanc était le cépage le plus multiplié en pépinières. Cette multiplication connut son apogée en 1982, époque d'extension du vignoble de Cognac. Depuis, les superficies cultivées ont connu un certain recul et représentent aujourd'hui un peu plus de 83 800 hectares. Malgré des arrachages importants, c'est en Charente et en Charente-Maritime que se concentre la majeure partie des plantations (plus de 77 330 hectares) pour la production de vins blancs destinés à la distillation et à l'obtention du cognac. Vient ensuite la région de l'Armagnac dont les eaux-de-vie sont tout aussi réputées.

Les variétés de trebbiano sont nombreuses en Italie, parmi lesquelles le trebbiano toscano est le plus précoce (environs de San Giminiano, en Toscane).

Le cassis

L'ugni blanc a longtemps constitué le cépage majoritaire du cassis blanc. Il est assemblé à la marsanne et à la clairette qui jouent un rôle de plus en plus important aujourd'hui. Les vins, de teinte paille claire, dévoilent avec discrétion une palette fruitée rappelant les agrumes, le coing, le citron. Une touche balsamique (résine de pin) est également perceptible. Cette même gamme se retrouve dans une bouche ronde et fraîche, d'une bonne persistance.

Le vin d'ugni blanc n'a pourtant pas pour seule vocation d'être distillé. En Gironde, ce cépage fait partie de l'encépagement blanc des appellations bordeaux, bordeaux supérieur, entre-deux-mers et sainte-foy-bordeaux, mais il connaît un net recul. Il se distingue davantage en Provence, notamment dans les aires de bandol, bellet, cassis, côtes-de-provence, palette et coteaux-d'aix-en-provence. L'ugni blanc compte pour environ 45 % de l'encépagement blanc de l'AOC cassis. Mais les cépages marsanne et clairette devraient prendre de l'importance jusqu'à le supplanter. En Languedoc, où sa culture demeure importante, il est à l'origine de certains vins de pays des Sables du Golfe du Lion et de vins de table. Il couvre enfin quelques hectares en Corse, où il sert de cépage secondaire pour l'élaboration des vins-de-corse et ajaccio.

Reconnaître le cépage

Après un bourgeonnement cotonneux blanc à liseré carminé, la feuille de l'ugni blanc est grande, orbiculaire et grossièrement bullée, avec cinq lobes. Elle présente un aspect tourmenté et une texture épaisse. Le sinus pétiolaire est en lyre plus ou moins fermée, le dessous du limbe duveteux. La grappe, très grande, longue et ailée, est chargée de baies rondes, jaune doré, devenant plus ou moins ambrées à bonne exposition pour finir roses et même rouge cuivré sur les coteaux secs et fortement ensoleillés. La pellicule du raisin est fine mais coriace, la chair juteuse et abondante.

Autour du monde

En Italie, le trebbiano toscano, nom local de l'ugni blanc, occupe près de 42 460 hectares. Il entre dans l'encépagement de la plupart des vins blancs d'appellation. On retrouve ce cépage en Bulgarie, en Roumanie, en Russie, en Grèce et au Portugal dans le Ribatejo et au sud du pays. Au Nouveau Monde, de nombreux pays réservent ce cépage à la distillation, tels le Mexique ou la Californie (dans la vallée de San Joaquin). À ces plantations s'ajoutent celles du Brésil, de l'Uruguay, de l'Afrique du Sud et de l'Australie, ce qui porte la superficie mondiale d'ugni blanc à 190 000 hectares.

Alias...

L'ugni blanc est appelé clairette à grains ronds et clairette ronde en Provence, ou encore roussan à Bellet. Dans les Charentes, ce cépage a longtemps été dénommé saint-émilion, mais ce nom a été réglementairement rejeté en 1988. En Italie, l'ugni blanc devrait son nom de trebbiano à une ancienne localité du territoire de Luni en Étrurie, près de l'embouchure du fleuve Magra dans le golfe de La Spezia. On rencontre également dans ce pays les synonymes de procanico et de passarena dans les Collines romaines. Au Portugal, l'ugni blanc est cultivé sous les noms de talia ou branquinha dans le Ribatejo, de douradinha dans les Vinhos Verdes.

Le goût

Dans les régions septentrionales comme le Cognaçais, les vins d'ugni blanc sont très acides et peu aromatiques ; ils conviennent particulièrement à la distillation car des vins riches et trop parfumés produiraient des eaux-de-vie excessivement puissantes et déséquilibrées après vieillissement. En revanche, on obtient dans la région méditerranéenne des vins blancs peu acides, au goût assez neutre. Ces vins sont toujours assemblés à ceux de la clairette, du grenache blanc ou du sauvignon qui apporte davantage de complexité aromatique et structurelle.

Le vermentino

Le vermentino est en vogue dans le midi de la France. Si ses bastions se trouvent en Provence, en Corse, en Ligurie ou en Sardaigne, il s'aventure aujourd'hui dans les vignobles du Languedoc-Roussillon.

Le bellet

Jaune pâle à reflets verts, le bellet dévoile d'agréables arômes d'agrumes – citron, orange, pamplemousse –, soulignés d'accents floraux rappelant le tilleul. La bouche trouve un bon équilibre entre rondeur et fraîcheur.

Reconnaître le cépage

Après un bourgeonnement cotonneux blanc à liseré carminé, la feuille du vermentino est orbiculaire et tourmentée. Vert bleuté, elle présente un aspect finement bullé, avec cinq lobes profondément marqués et un sinus pétiolaire en lyre fermée. Le dessous du limbe est duveteux. La grappe, tronconique, est assez grosse, avec un aileron bien développé. Ses baies blanches deviennent roses à maturité.

Alias...

Appelé rolle dans le vignoble provençal de Bellet, le vermentino reçoit en outre les noms de vermentinu en Corse et en Sardaigne, malvoisie de Corse et malvoisie à gros grains, valentin dans le Var, ainsi que pigato en Ligurie.

Découverte dans le vignoble

Le vermentino est un cépage vigoureux, peu sensible à la pourriture grise mais craignant l'oïdium. Les raisins peuvent certes être consommés à l'état frais ou séchés, mais leur usage principal est la vinification.

En France

Le vermentino a renforcé sa présence dans le vignoble français grâce à ses nouvelles implantations dans le Midi. Il couvre ainsi 3 100 hectares. En Corse, où il est dénommé vermentinu ou malvoisie de Corse, il apporte ses arômes de fleurs et d'agrumes aux vins blancs d'ajaccio et de patrimonio. Dans le premier cas, il peut être accompagné d'ugni blanc, de grenache et de cinsaut ; dans le second, il est souvent le seul cépage vinifié.
En Provence, sous le nom de rolle, il incarne les vins de bellet, une production confidentielle au nord de Nice. Tandis que dans le reste du vignoble provençal les vins blancs sont minoritaires, ils représentent ici 30 % des volumes, soit autant que les vins rosés. Il existe certes un débat sur l'identité du rolle, que certains tiennent pour distinct du vermentino, mais les caractères ampélographiques des deux cépages sont très similaires. Ce plant se retrouve également dans les autres vins blancs provençaux, sauf dans le cassis et le bandol.
Le vermentino poursuit sa route dans le Languedoc-Roussillon, en coteaux-du-languedoc et en costières-de-nîmes notamment, ainsi qu'en côtes-du-roussillon. Toutefois, ses plantations restent limitées.

Autour du monde

En Italie, le vermentino fait partie de l'encépagement de plusieurs DOC, parmi lesquelles Cinqueterre en Ligurie (ci-contre) et vermentino di Gallura en Sardaigne. On cultive également ce cépage au Portugal, à Madère. Les superficies mondiales de vermentino s'élèvent ainsi à quelque 7 500 hectares.

Le goût

De teinte pâle, le vin de vermentino est aromatique, à la fois floral, fruité et anisé. Il offre en bouche une impression de rondeur et de souplesse. Prêt à boire un an après sa vinification, il peut aussi attendre deux ou trois ans sans rien perdre de ses qualités.

Le viognier

Nul ne connaît l'origine exacte de ce cépage blanc localisé depuis fort longtemps dans les vignobles de Condrieu et d'Ampuis, sur les terrasses de la rive droite du Rhône. L'empereur Probus, originaire de Smirnium en Croatie, aurait-il introduit ce cépage, cultivé aujourd'hui sous le nom de vulgava bijela, notamment sur l'île de Vis en Dalmatie ?
Les ampélographes privilégient aujourd'hui l'hypothèse d'une origine locale : le viognier serait issu d'anciennes vignes sauvages domestiquées et améliorées par les Allobroges, population installée dans la vallée du Rhône.

Condrieu et château-grillet

Récolté à parfaite maturité sur les terrasses granitiques, le viognier produit des vins équilibrés, riches et très ronds. D'une teinte dorée plus ou moins intense, ceux-ci libèrent un bouquet complexe de fruits (abricot, pêche) et de fleurs blanches. La palette peut gagner des accents miellés et grillés lorsque les vendanges ont été très mûres. Ces arômes persistent longuement. Un condrieu est apte à la garde.

Reconnaître le cépage

Après un bourgeonnement duveteux ou presque cotonneux et de jeunes feuilles aranéeuses à plages bronzées, la feuille du viognier est orbiculaire, bullée et tourmentée. Ses cinq lobes sont moyennement marqués. Le sinus pétiolaire est en U ouvert et le dessous du limbe duveteux. La grappe, tronconique et parfois ailée, forme une masse compacte de petites baies rondes ou légèrement ovoïdes, d'un blanc ambré. La peau épaisse du raisin recouvre une pulpe légèrement musquée.

Alias...

Il existe quelques variantes orthographiques du nom viognier, telles que vionnier, petit vionnier ou viognié.

Découverte dans le vignoble

Le viognier est un plant rustique mais peu fertile qui doit être conduit à la taille longue pour donner suffisamment de fruits. Les rendements à Condrieu sont de l'ordre de 20 hectolitres à l'hectare et il faut attendre les bonnes années pour dépasser 30 hectolitres. Ce cépage noble est sensible à l'oïdium, mais il ne coule pas ou peu et résiste bien à la sécheresse. Il exige un parfait ensoleillement pour développer pleinement son potentiel aromatique.

En France

Au début des années 1960, la culture du viognier était limitée à 30 hectares pour les besoins des appellations condrieu, château-grillet et côte-rôtie. Ce cépage peu productif et difficile à cultiver connaissait alors une certaine désaffection. Il bénéficia dans les années 1980 du regain d'intérêt pour les vins du Rhône et gagna de nombreux vignobles méridionaux pour couvrir 3 250 hectares aujourd'hui. S'il est autorisé dans l'aire régionale des côtes-du-rhône, ses paysages se déroulent essentiellement sur la rive droite du Rhône septentrional, entre Vienne et Valence : ce sont des versants abrupts aménagés en terrasses, sous un microclimat ensoleillé. Condrieu et château-grillet sont longtemps restés dans l'ombre de leur prestigieuse voisine, la côte-rôtie, mais dans les années 1980, ces aires ont bénéficié de la reconnaissance internationale du viognier. L'aire de condrieu s'est ainsi développée pour atteindre 110 hectares, tandis que le petit vignoble de château-grillet, monopole de la famille Neyret-Grachet, est parvenu à 3,4 hectares. En côte-rôtie, le viognier est plus présent en Côte Blonde qu'en Côte Brune. On peut être étonné de sa présence dans un vignoble consacré à la production de vin rouge, mais ce cépage a toujours été autorisé à hauteur de 20 % en complément de la syrah.

Autour du monde

Le viognier a fait son apparition aux États-Unis à la fin des années 1980, notamment en Californie, en Virginie et en Géorgie où des viticulteurs l'ont expérimenté. Une association – The Viognier Guild – a même été créée, rassemblant non seulement des producteurs américains mais aussi des viticulteurs français de la vallée du Rhône. Il existe par ailleurs quelques plantations au Brésil dans la région de Garibaldi, ainsi qu'en Australie-Méridionale, à Yalumba. Le viognier est également recommandé dans diverses régions du Portugal, depuis le Minho jusqu'aux Beiras, le Ribatejo et Oeste, l'Alentejo et l'Algarve, portant les superficies mondiale à 4 000 ha.

Le goût

Vinifié seul, le viognier produit des vins blancs de grande qualité, aux arômes d'abricot, de pêche, de fleurs blanches, d'épices et de miel. Leur bouche est ronde et peu acide.

A

Aligoté

(23 000 hectares)

- Albanie
- Azerbaïdjan
- Bulgarie
- Canada
- Corée du Sud
- France
- Géorgie
- Kazakhstan
- Kirghizistan
- Moldavie
- Roumanie
- Russie
- Tanzanie
- Ukraine

C

Cabernet franc

(48 000 hectares)

- Afrique du Sud
- Albanie
- Argentine
- Australie
- Brésil
- Canada
- Chili
- Chine
- Chypre
- Espagne
- États-Unis
  - Californie
  - Washington
  - New York
  - Virginie,
  - Géorgie
  - Texas
- France
- Grèce
- Hongrie
- Inde
- Italie
- Japon
- Maroc
- Nouvelle-Zélande
- Pérou
- Tanzanie
- Tunisie
- Uruguay

Cabernet-Sauvignon

(260 000 hectares)

- Afrique du Sud
- Albanie
- Allemagne
- Argentine
- Australie
- Autriche
- Bosnie-Herzégovine
- Brésil
- Bulgarie
- Canada
- Chili
- Chine
- Chypre
- Colombie
- Croatie
- Espagne
- États-Unis
  - Californie
  - Washington
  - New York
  - Virginie
  - Géorgie
  - Texas
- France
- Géorgie
- Grèce
- Hongrie
- Inde
- Israël
- Italie
- Japon
- Kazakhstan
- Liban
- Maroc
- Mexique
- Moldavie
- Nouvelle-Zélande
- Pérou
- Roumanie
- Russie
- Slovaquie
- Slovénie
- Thaïlande
- Tunisie
- Ukraine
- Uruguay
- Venezuela
- Vietnam

Carignan

(120 000 hectares)

- Afrique du Sud
- Algérie
- Argentine
- Australie
- Brésil
- Chili
- Chine
- Chypre,
- Espagne
- États-Unis
  - Californie
- France
- Inde
- Israël
- Italie
- Maroc
- Mexique
- Pérou
- République dominicaine
- Tunisie
- Uruguay

Chardonnay

(150 000 hectares)

- Afrique du Sud
- Allemagne
- Argentine
- Australie
- Autriche
- Bulgarie
- Canada
- Chili
- Chine
- Chypre
- Colombie
- Espagne
- États-Unis
  - Californie
  - Oregon
  - Washington
  - New York
  - Virginie
  - New Jersey
  - Texas
- France
- Géorgie
- Grèce
- Hongrie
- Inde
- Israël
- Italie
- Japon
- Kenya
- Kirghizistan
- Lichtenstein
- Luxembourg
- Moldavie
- Nouvelle-Zélande
- Roumanie
- Royaume-Uni
- Slovaquie
- Suisse
- Tunisie
- Ukraine
- Uruguay

Chasselas
(35 000 hectares)

Allemagne
Biélorussie
France
Hongrie
Nouvelle-Zélande
Ouzbékistan
Suisse

Chenin
(50 000 hectares)

Afrique du Sud
Argentine
Australie
Bolivie
Canada
Chili
Chine
États-Unis
- Californie
- Washington
- Texas

France
Inde
Israël
Kenya
Mexique
Nouvelle-Zélande
Pérou
Tanzanie
Thaïlande
Uruguay

Cinsaut
(43 000 hectares)

Afrique du Sud
Algérie
Argentine
Brésil
Bulgarie
Chili
Chypre
États-Unis
France
Israël
Italie
Maroc
Thaïlande
Tunisie

Clairette
(3 600 hectares)

Afrique du Sud
Algérie
Australie
France, Israël
Maroc
Roumanie
Russie
Tunisie
Turquie

Colombard
(45 000 hectares)

Afrique du Sud
Australie
États-Unis
- Californie
- Texas

France
Inde
Israël
Kenya
Mexique
Thaïlande
Uruguay

G

Gamay
(40 000 hectares)

Afrique du Sud
Bosnie-Herzégovine
Brésil
Bulgarie
Canada
Croatie
États-Unis
- Californie

France
Inde
Israël
Luxembourg
Moldavie
Suisse
Thaïlande
Turquie
Vietnam
Yougoslavie

Gewürztraminer
(8 000 hectares)

Afrique du Sud
Allemagne
Argentine
Autriche
Bulgarie
Canada
Chili
Croatie
États-Unis
- Californie
- Oregon
- Washington
- New York
- Virginie
- Texas

France
Hongrie
Israël
Italie
Luxembourg
Moldavie
Nouvelle-Zélande
Roumanie
Russie
Slovaquie
Slovénie
Suisse
Tanzanie
Ukraine
Uruguay

Grenache
(245 000 hectares)

Afrique du Sud
Algérie
Argentine
Australie
Brésil
Chypre
Espagne
États-Unis
- Californie
- Washington

France
Israël
Italie
Maroc
Mexique
Pérou
République dominicaine
Tanzanie
Thaïlande
Tunisie

M

Malbec
(41 000 hectares)

Argentine
Australie
Chili
Espagne
États-Unis
- Californie

France
Italie
Nouvelle-Zélande

Marsanne
(2 100 hectares)

Australie
France
Italie
Suisse

Mauzac
(2 600 hectares)

France

Melon
(28 000 hectares)

Argentine
États-Unis
- Californie

France

Merlot
(220 000 hectares)

Afrique du Sud
Albanie
Argentine
Australie
Bolivie
Brésil
Bulgarie
Canada
Chili
Chine
Chypre
Colombie
Croatie
États-Unis
- Californie
- Washington
- New York
- Virginie
- Texas

France
Hongrie
Israël
Italie
Japon
Liban
Mexique
Moldavie
Nouvelle-Zélande
Roumanie
Russie
Slovénie
Suisse
Thaïlande
Tunisie
Uruguay,
Venezuela
Yougoslavie

Mondeuse
(300 hectares)

Australie
France

Mourvèdre
(87 000 hectares)

Australie
Azerbaïdjan
Chypre
Espagne
États-Unis
Californie
France
Ouzbékistan
Tunisie
Ukraine
Venezuela

Muscadelle
(5 000 hectares)

Australie
États-Unis
Californie
France
Russie

Muscat blanc
(87 000 hectares)

Afrique du Sud
Albanie
Allemagne
Argentine
Australie
Autriche
Brésil
Bulgarie
Chypre
Espagne
États-Unis
Californie
Texas
Grèce
Hongrie
Portugal
Roumanie
Russie
Slovénie
Turquie
Uruguay
ex-Yougoslavie
Zambie
Zimbabwe

Muscat d'Alexandrie
(90 000 hectares)

Afrique du Sud
Algérie
Argentine
Australie
Belgique
(raisin de serre)
Bolivie
Chili
Chypre
Colombie
Espagne
France
Grèce
Hongrie
Israël
Italie
Japon
Maroc
Mexique
Pays-Bas
(raisin de serre)
Pérou
Portugal
République tchèque
Roumanie
Russie
Slovaquie
Tunisie
Turquie

N

Négrette
(1 500 hectares)

France

P

Petit manseng
(1 900 hectares)

France
Uruguay

Pinot noir

(63 000 hectares)

Afrique du Sud
Allemagne
Argentine
Australie
Autriche
Azerbaïdjan
Belgique
Brésil
Bulgarie
Canada
Chili
Colombie
Croatie
États-Unis
- *Californie*
- *Oregon*
- *Washington*
- *New York*
- *Virginie*

France
Géorgie
Inde
Israël
Italie
Japon
Kazakhstan
Kirghizistan
Laos
Lichtenstein
Luxembourg
Moldavie
Nouvelle-Zélande
Portugal
République tchèque
Roumanie
Royaume-Uni
Russie
Slovaquie
Slovénie
Suisse
Tadjikistan
Tunisie
Turquie
Uruguay
Yougoslavie

Poulsard

(300 hectares)

France

R

Riesling

(60 000 hectares)

Albanie
Allemagne
Argentine
Australie
Autriche
Bolivie
Brésil
Bulgarie
Canada
Chili
Chine
Chypre
Corée du Sud
Croatie
Espagne
États-Unis
- *Californie*
- *Oregon*
- *Washington*
- *New York*
- *Virginie*
- *New Jersey*
- *Géorgie*
- *Texas*

France
Hongrie
Israël
Japon
Luxembourg
Mexique
Moldavie
Nouvelle-Zélande
Pays-Bas
Pérou
République tchèque
Royaume-Uni
Russie
Slovaquie
Suisse
Thaïlande
Turkménistan
Ukraine
Venezuela

Roussanne

(1 500 hectares)

Australie
États-Unis
- *Californie*

France

S

Sauvignon

(50 000 hectares)

Afrique du Sud
Albanie
Allemagne
Argentine
Australie
Autriche
Bolivie
Brésil
Bulgarie
Canada
Chili
Chine
Chypre
Colombie
Croatie
Espagne
États-Unis
- *Californie*
- *Oregon*
- *Washington*
- *New York*
- *Virginie*
- *Géorgie*
- *Texas*

France
Hongrie
Inde
Israël

Italie
Kenya
Macédoine
Mexique
Moldavie
Nouvelle-Zélande
Pérou
République tchèque
Roumanie
Russie
Slovaquie
Slovénie
Suisse
Thaïlande
Ukraine
Uruguay
Venezuela
Yougoslavie

SÉMILLON
(28 000 hectares)

Afrique du Sud
Argentine
Australie
Bolivie
Brésil
Chili
Chine
Chypre
Croatie
États-Unis
- CALIFORNIE
- WASHINGTON
- TEXAS

France
Hongrie
Inde
Israël
Japon
Macédoine
Mexique
Nouvelle-Zélande
Pérou
Russie
Suisse
Turquie
Ukraine
Uruguay
Venezuela
Yougoslavie

SYLVANER
(12 000 hectares)

Allemagne
Argentine
Australie
Autriche
Chili
Corée du Sud
Croatie
France
Hongrie
Italie
Luxembourg
Moldavie
Nigeria
Nouvelle-Zélande
République tchèque
Russie
Slovaquie
Slovénie
Suisse
Turquie

SYRAH
(80 000 hectares)

Argentine
Australie
Brésil
Chili
Chine
Chypre
Colombie
États-Unis
- CALIFORNIE

France
Inde
Maroc
Mexique
Nouvelle-Zélande
Thaïlande
Tunisie
Uruguay
Venezuela

U

UGNI BLANC
(190 000 hectares)

Afrique du Sud
Algérie
Argentine
Australie
Bulgarie
Chine
Chypre
États-Unis
- CALIFORNIE
- TEXAS

France
Grèce
Inde
Israël
Italie
Maroc
Mexique
Pérou
Roumanie
Thaïlande
Tunisie
Uruguay
Vietnam

V

VERMENTINO
(7 500 hectares)

France
Italie

VIOGNIER
(4 000 hectares)

Brésil
Chili
États-Unis
- CALIFORNIE
- GÉORGIE

France
Portugal
Uruguay

Crédits photographiques

Les planches ampélographiques
ont été réalisées par Ferdinand Dhoska et Éric Geoffroy
pour le malbec et le muscat d'Alexandrie.

Couverture : © Zefa/Stockbyte.

Charlus : 4.

D.R. : 33, 34 (bas).
P. Galet : 8, 11, 16 (centre), 17, 24, 25, 27, 28, 29, 30, 34 (haut), 35, 154-159.

Photothèque Hachette : 6, 7, 9, 10, 17.

C. Sarramon : 22 (haut x 2), 26, 47 (bas), 49, 60 (bas), 79, 85, 120, 143 (haut).

SCOPE
- ***J.-L. Barde :*** 16 (bas gauche et droite), 18, 19 (bas x 2), 48, 70 (bas), 86, 87, 95, 99, 105 , 106, 108, 113, 117, 121, 137, 138 (bas), 139, 143 (bas), 144, 148.
- ***D. Dutay :*** 145.
- ***H. Friedrichsmeier :*** 60 (haut).
- ***J. Guillard :*** 2, 13, 20, 21, 22 (bas), 39, 41, 51, 53 (haut), 56, 59, 61, 63, 69, 70 (haut), 71, 73, 74, 75, 77, 78, 81, 82, 83, 100, 101, 119 (bas), 122, 123 (bas), 125, 128, 131, 133 , 134, 135, 147, 151.
- ***M. Guillard :*** 40, 45, 57, 67, 138 (haut).
- ***N. Hautemanière :*** 47 (haut).
- ***S. Matthews :*** 43, 53 (bas), 90 (haut), 94, 109, 123 (haut).
- ***F. Nussbaumer :*** 127.
- ***M. Plassart :*** 89, 90 (bas), 91, 119 (haut).
- ***N. Servian :*** 19 (haut).

ÉDITION
Catherine Montalbetti

ÉDITEUR ASSISTANT
Anne Le Meur

CONCEPTION GRAPHIQUE
Graph'm / François Huertas

RÉALISATION
Graph'm
■couleurrouge.com

COUVERTURE
Conception : Chine /
Florence Cailly ;
réalisation : Hachette Pratique /
Nicole Dassonville

LECTURE - CORRECTION
Évelyne Werth
Martine Lavergne

Imprimé en Espagne Produit complet Gráficas Estella
Dépôt légal : août 2006
ISBN 201 237 0810
23.56.7081.5/01